RICARDO ROMERA ROZAS
Maître de conférences à l'université de La Réunion

INTRODUCTION À LA LITTÉRATURE FANTASTIQUE HISPANO-AMÉRICAINE

ouvrage publié sous la direction de
Bernard Darbord

NATHAN

Conception de couverture : Noémi Adda
Conception graphique intérieure : Agence Media

ISBN 2-09-190487-2

SOMMAIRE

INTRODUCTION

Ce que nous cherchons dans le fantastique ce n'est pas une évasion, un alibi, encore moins une revanche : nous cherchons un secret qui est à la fois secret de l'homme et de l'univers.

Marcel Schneider, *Déjà la neige*

L'une des plus remarquables anthologies de la littérature fantastique connue en Amérique latine apparaît à Buenos Aires en 1940. Elle inclut des écrivains du monde entier appartenant à des époques très diverses. Des textes de Chuang Tzu, des *Mille et Une Nuits,* de Pétrone, de Juan Manuel, de Rabelais, du Japonais Agutagawa, de G.K. Chesterton, de la Mexicaine Elena Garro y figurent parmi d'autres. Dans la préface, l'écrivain argentin Adolfo Bioy Casares signale que les fictions fantastiques « vieilles comme la peur [...] précèdent la littérature[1] » laissant entendre ainsi leur origine mythique. Ensuite, il ajoute : « en tant que genre plus ou moins défini, la littérature fantastique apparaît au XIXe siècle et en langue anglaise[2]. » Quelques années plus tard, Jorge Luis Borges insiste lui aussi sur l'origine mythique du genre et souligne en même temps ses qualités :

> Les romans réalistes commencèrent à s'élaborer au début du XIXe siècle alors que toutes les littératures débutèrent avec des récits fantastiques [...]. L'idée d'une littérature coïncidant avec la réalité est assez récente et peut disparaître, par contre l'idée de raconter des faits fantastiques est très ancienne, et survivra pendant des siècles[3].

---

1. Notre traduction. Jorge Luis Borges, Adolfo Bioy Casares et Silvina Ocampo, *Antología de la literatura fantástica*, EDHASA, 1983, p. 5.
2. *Ibid.*
3. Notre traduction. Voir Emir Rodríguez Monegal, « Borges : una teoría de la literatura fantástica », *Revista Iberoamericana*, 1976, p. 186.

L'anthologie de 1940, où l'universel et l'intemporel sont mis en valeur, peut être considérée comme le signe d'une rupture avec la tradition réaliste et régionaliste alors en vigueur en Amérique latine. Elle annonce également le point de départ d'une littérature profondément ancrée dans l'imaginaire et fondée sur de nouveaux modes d'élaboration et de représentation. La construction ludique des trames, les transgressions des lois de la causalité spatiale et temporelle, la juxtaposition ou la confusion de l'objectif et du subjectif, l'interférence des légendes et des mythes précolombiens en sont les aspects les plus marquants.

Ignorer aujourd'hui la littérature fantastique hispano-américaine, littérature qui porte la marque de nombreux syncrétismes religieux et culturels, c'est ignorer les valeurs intrinsèques de tout un continent. C'est pourquoi le principal but de cet ouvrage est de faire connaître, d'une part, les œuvres les plus représentatives et, d'autre part, de commenter quelques textes, car l'approche du fantastique s'y avère parfois complexe. Le choix des auteurs que nous avons opéré, quoique restreint, nous paraît significatif et varié. Nous avons tenu compte également des précurseurs du fantastique hispano-américain afin de donner une vision d'ensemble.

Par ailleurs, nous avons cru nécessaire de présenter les principales caractéristiques structurelles et thématiques, de même que les variantes du genre pour dissiper certaines confusions et proposer, malgré l'existence de nombreuses ambiguïtés, une terminologie pertinente qui permette de déterminer la spécificité du texte. En effet, des expressions telles que *realismo mágico* ou *realidad maravillosa* ont désigné des textes fantastiques et, inversement, le terme *fantástico* a qualifié des œuvres qui ne l'étaient pas.

Plus important encore nous semble le fait de pouvoir indiquer les objectifs ontologiques et esthétiques du genre. Car si le fantastique s'oppose dans une certaine mesure au réalisme, ce n'est pas seulement pour faire peur ou pour permettre au lecteur de s'évader dans un univers onirique, c'est aussi pour dévoiler de manière subtile les complexités du monde et de la condition humaine.

En ce qui concerne les commentaires des textes, nous proposons une analyse méthodique dont le but est de mettre en relief les principaux éléments qui collaborent à l'avènement du phénomène fantastique. Nous avons tenu compte de la structure, de l'organisation spatio-temporelle et thématique, de la spécificité de chaque texte ainsi que de ses rapports avec le réel. Il s'agit moins d'avancer une interprétation que de montrer leur architecture. Nous avons choisi à dessein des textes intégraux, c'est-à-dire des nouvelles, car ils permettent de montrer, sans qu'il y ait déperdition de sens, les méthodes d'élaboration utilisées par les auteurs. Signalons au passage qu'en Amérique latine le fantastique a comme support privilégié non pas le roman mais des formes brèves tels que le conte et la nouvelle.

Une dernière précision s'impose. La littérature hispano-américaine a souvent fait l'objet d'une subordination systématique au sociologique et au politique, et ce, au détriment de ses véritables qualités. Perçue aussi comme exotique ou folklorique elle a été victime d'approches erronées ou arbitraires. Essayons de lui redonner sa juste valeur au-delà de contingences historiques et de frontières inutiles.

1

LES PRINCIPALES CARACTÉRISTIQUES DU GENRE FANTASTIQUE

1. DÉFINITIONS

Nous ne prétendons pas ici donner une nouvelle définition du genre fantastique (certains critiques pensent, d'ailleurs, qu'il est indéfinissable) ; nous voulons seulement guider le lecteur en présentant quelques concepts formulés aussi bien par la critique en général que par les écrivains hispano-américains eux-mêmes. Il s'agit en fait de dégager les principales constantes du genre afin de proposer, pour ainsi dire, un « archétype ».

Lors d'une conférence en Uruguay (1949), l'écrivain argentin Jorge Luis Borges déclare que « la littérature fantastique a recours à la fiction non pour fuir la réalité mais, au contraire, pour en exprimer une vision plus profonde et plus complexe[4] ».

Dans son *Anthologie du fantastique* (1966), Roger Caillois établit une distinction entre le fantastique et le merveilleux : « Le féerique est un univers merveilleux qui s'ajoute au monde réel sans lui porter atteinte ni en détruire la cohérence[5] », alors que dans le fantastique « le surnaturel apparaît comme une rupture de la cohérence universelle[6] ». Plus loin, il signale : « La démarche essentielle du fantastique est l'apparition [...]. Tout semble comme aujourd'hui et comme hier : tranquille, banal, sans rien d'insolite, et voici que lentement s'insinue ou que soudain se déploie l'inadmissible[7]. »

---

4. Cité par Emir Rodríguez Monegal, *op. cit.*
5. Roger Caillois, *Anthologie du fantastique*, Gallimard, 1966, p. 8.
6. *Ibid.*, p. 9.
7. *Ibid.*, p. 11.

En 1970, Tzvetan Todorov analyse le genre fantastique d'un point de vue structurel et typologique. Pour lui, la littérature fantastique se définit en partie par rapport au lecteur qui, face à un fait inhabituel, « doit opter pour l'une des deux solutions possibles [...], la réalité ou l'irréalité du fait ». Todorov considère que le fantastique « occupe le temps de cette incertitude[8] ». En même temps, il met l'accent sur le fait que la littérature fantastique refuse « l'existence d'une opposition irréductible entre le réel et l'irréel[9] ».

Pour Irène Bessière, le récit fantastique se présente comme « la transcription de l'expérience imaginaire des limites de la raison[10] ». Elsa Dehennin y voit une transgression de la norme de vraisemblance et considère que dans la littérature hispano-américaine contemporaine « la coexistence des contraires — le normal et l'anormal — est une de ses ressources créatrices fondamentales[11] ».

Joël Malrieu pense que le fantastique repose sur « la confrontation d'un personnage isolé avec un phénomène, extérieur à lui ou non, surnaturel ou non, mais dont la présence où l'intervention représente une contradiction profonde avec les cadres de pensée et de vie du personnage, au point de les bouleverser complètement et durablement[12] ».

Dans son étude récente sur les nouvelles fantastiques de l'écrivain argentin Julio Cortázar, Bernard Terramorsi allègue que « le fantastique n'a pas à voir avec l'irréel mais avec le réel, avec la chose [...]. Une chose indescriptible à force d'être réelle et de ne pouvoir être déduite d'une cause[13] ». Cette idée évoque celle postulée en 1947 par Jean-Paul Sartre dans *Situations, I* : « Ce qu'il y a d'admirable dans le fantastique, c'est qu'il n'y a plus de

---

8. Tzvetan Todorov, *Introduction à la littérature fantastique*, Éd. du Seuil, 1970, p. 29.
9. *Ibid.*, p. 176.
10. Irène Bessière, *Le Récit fantastique*, Larousse, 1974, p. 62.
11. Elsa Dehennin, « Pour une systématique du nouveau roman hispano-américain », *Les Langues néo-latines*, 1976, p. 104.
12. Joël Malrieu, *Le Fantastique*, Hachette, 1992, p. 49.
13. Bernard Terramorsi, *Le Fantastique dans les nouvelles de Julio Cortázar*, L'Harmattan, 1994, p. 16.

fantastique, il n'y a que du réel[14]. » En même temps, elle laisse entendre que le texte fantastique recèle un mystère que la critique ne pourra jamais dévoiler ou cerner complètement.

À partir de ces définitions ou prémisses, il est possible d'inférer que les principales caractéristiques du genre fantastique reposent, d'une part, sur une violation ou transgression de ce que nous considérons habituellement comme cohérent, logique, vraisemblable, normal et, d'autre part, sur la confrontation ou coexistence d'un univers naturel (le réel) et d'un univers surnaturel (l'irréel). Ces transgressions ou confrontations ouvrent un champ d'incertitudes, que ce soit pour le lecteur (hésitation extérieure) ou pour le personnage (hésitation intérieure). Des récits tels que « Yzur » de Leopoldo Lugones (*Cuentos fantásticos*), « El Sur » de Jorge Luis Borges (*Ficciones*) et « Luvina » de Juan Rulfo (*El llano en llamas*) présentent la plupart de ces caractéristiques (voir commentaires).

Insistons sur le fait que ces aspects récurrents du genre servent très souvent à décrire une réalité plus profonde et plus complexe. En effet, le fantastique, et en particulier le fantastique hispano-américain contemporain, celui que Cortázar appelle « néo-fantastique[15] », *est fondé sur une représentation à la fois subjective et objective du monde, une représentation dans laquelle la fantaisie et la réalité ne s'opposent pas mais, au contraire, composent un tout indissociable* (voir « Continuidad de los parques » p. 94). Cette perspective ontologique se trouve liée également à des objectifs esthétiques bien définis comme nous le verrons par la suite.

2. Structure du récit fantastique

Dans son article « L'art narratif et la magie » (1932), Jorge Luis Borges établit une différence entre la littérature de pure invention (policier, fantastique, science-fiction) et la littérature dite « réaliste ». Pour cela il s'appuie

14. Jean-Paul Sartre, « *Aminadab* ou du fantastique considéré comme un langage » in *Critiques littéraires* (*Situations, I*), Gallimard, 1975, pp. 156-157.
15. Julio Cortázar, *Entretiens avec Omar Prego*, Gallimard, 1986, p. 73.

sur les méthodes d'élaboration de l'une et de l'autre : « J'ai distingué — écrit Borges — deux processus de causalité ; l'un naturel qui est le résultat incessant d'opérations incontrôlables et infinies ; l'autre magique, lucide et limité où les détails prophétisent[16]. » Borges met ici en relief — et ce, aussi bien d'un point de vue structurel que sémantique — l'étroite relation existant entre tous les éléments qui composent un récit fondé sur la fantaisie et l'imaginaire et non pas sur la simple transcription d'une réalité souvent chaotique. En effet, si le fantastique transgresse ou déstabilise ce qui est considéré comme naturel, normal, en même temps, il organise, suivant une méthode stricte et ordonnée d'élaboration, ce qui est invraisemblable, voire incompréhensible. C'est pourquoi dans la préface de *Los Mejores Cuentos policiales* (1943), Borges et Bioy Casares affirment que le genre policier et le genre fantastique « exigent une histoire cohérente, c'est-à-dire un début, un milieu et une fin[17] ». En somme, dans le récit fantastique, ce qui est illogique est subordonné à une écriture extrêmement logique et structurée.

Par ailleurs, Louis Vax considère que le fantastique, de par sa structure, s'oppose au genre policier :

> Dans les récits policiers, le surnaturel n'est posé que pour être supprimé, il apparaît de préférence au début, il est présenté comme incroyable, stupéfiant. Il faut que la raison soit d'abord scandalisée pour avoir le mot de la fin. Le fantastique procède plutôt de manière inverse : le surnaturel, absent au début, règne en maître au dénouement[18].

Deux remarques s'imposent à propos de cette assertion. La première : dans les romans policiers, il n'y a pas de surnaturel. Un vol, un meurtre, si inexplicable soit-il, est toujours réel. La seconde : bien que de nombreux récits soient structurés selon la règle proposée par Louis Vax, beaucoup ne la respectent pas.

L'un des premiers textes à renverser la structure conventionnelle du genre est peut-être *La Métamorphose* (1912) de Franz Kafka. En effet, dès

16. Jorge Luis Borges, *Discussion*, Gallimard, 1966, pp. 79-80.
17. Notre traduction. Jorge Luis Borges et Adolfo Bioy Casares, *Los Mejores Cuentos policiales*, Alianza, 1983, p. 8.
18. Louis Vax, *L'Art et la Littérature fantastique*, PUF, 1974, p. 13.

la première phrase le lecteur est confronté à un phénomène surnaturel, la transformation d'un homme en vermine. Cette manière d'agencer l'irruption du surnaturel dans un univers naturel correspond à un objectif bien précis. Si le récit fantastique traditionnel a pour finalité de préparer l'apparition de l'événement insolite et de caractériser le passage du naturel au surnaturel[19] afin de troubler ou d'inquiéter le lecteur au dénouement, dans le roman de Kafka la finalité consiste à faire que le surnaturel soit perçu comme naturel. Ainsi le lecteur troublé ou inquiété dès le début finit par accepter le surnaturel comme réel au dénouement.

Todorov considère que les textes de science-fiction — une autre forme de fantastique — s'organisent selon cette structure : « Les données initiales sont surnaturelles : les robots, les êtres extraterrestres, le cadre interplanétaire. Le mouvement du récit consiste à nous obliger à voir combien ces éléments en apparence merveilleux nous sont en fait proches[20]. » Or, il y a des récits qui contredisent cette structure. Nous pensons, par exemple, au roman d'Adolfo Bioy Casares, *La Invención de Morel* (1940), où le surnaturel — c'est-à-dire la transformation par le biais d'une machine d'êtres humains en images sensorielles et immortelles — est suggéré de façon progressive et se manifeste pour le lecteur à la fin de l'histoire. On peut dire par conséquent que *le surnaturel*, malgré les constantes signalées précédemment, *peut apparaître à tout moment dans l'organisation d'un récit*.

Pour ce qui est de la littérature fantastique hispano-américaine, les œuvres peuvent s'inscrire dans toutes les catégories. Parmi les textes où le surnaturel surgit au dénouement, citons « El Aleph » de Borges (*El Aleph*) et « Chaac Mool » (1954) du Mexicain Carlos Fuentes (*Cuerpos y Ofrendas*). Dans « La noche boca arriba » de Julio Cortázar (*Final de juego*) le surnaturel fait irruption dès le début. Dans d'autres récits tels « La lluvia » (1943) du Vénézuélien Arturo Uslar-Pietri (*Treinta hombres y su sombra*) et « El acomodador » de l'Uruguayen Felisberto Hernández (*Nadie encendía las lámparas*), le phénomène fantastique apparaît au milieu de la narration (voir également les textes commentés).

19. Voir Tzvetan Todorov, *op. cit.*, p. 179.
20. Tzvetan Todorov, *op. cit.*, p. 180.

3. Thématique

Nombreux sont ceux qui ont essayé d'établir une classification des thèmes propres au fantastique. Dans sa préface de 1940[21], Adolfo Bioy Casares dresse une liste de thèmes récurrents. Roger Caillois fait de même dans son anthologie de 1966[22]. À leur lecture, on remarque une certaine confusion entre catégories abstraites (genres) et figures (espèces). En effet, ils signalent, comme constantes thématiques (la liste n'est pas exhaustive), les métamorphoses, les fantaisies métaphysiques, la chose indéfinissable et invisible (genres) ainsi que l'immortalité, les fantômes, les vampires, les voyages dans le temps, les châteaux hantés, les revenants, le pacte avec le démon, la malédiction d'un sorcier, la statue ou le mannequin qui soudain s'animent, etc. (espèces).

Dans un entretien de 1977, Borges présente également quelques archétypes thématiques du genre[23]. Il mentionne les confusions et les éclipses de l'identité, les talismans, la confusion de l'onirique et du quotidien, les interférences du rêve et de la veille.

Todorov, quant à lui, propose une nouvelle taxinomie* par rapport à des catégories plutôt linguistiques ou énonciatives, le « je » et le « tu », fondées sur les modes de perception et de représentation du phénomène fantastique[24]. Ainsi le thème du « je » correspondrait aux métamorphoses, au dédoublement de la personnalité, à la rupture entre le sujet et l'objet, à la transformation du temps et de l'espace, à une situation de psychose, à une mise en cause de la perception (conscience). Le thème du « tu » correspondrait au problème de la sexualité en rapport avec la figure du diable ou du vampire, tous deux en étroite corrélation avec l'amour, la mort et la cruauté. Le « tu » exprimerait une situation de névrose, une mise en cause de

21. Adolfo Bioy Casares, *op. cit.,* pp. 8-11.
22. Roger Caillois, *op. cit.*, pp. 19-21.
23. María Esther Vázquez, *Borges, images, dialogues et souvenirs,* Éd. du Seuil, 1985, p. 123.
* Les mots suivis d'un astérisque renvoient au glossaire.
24. Tzvetan Todorov, *op. cit.*

l'inconscient. Cette division, quoique applicable à certains textes, a été récusée par d'autres théoriciens, en particulier par Jean Bellemin-Noël[25]. En effet, il y a de nombreuses narrations fantastiques qui juxtaposent ou amalgament ces modes de perception ou de représentation et refusent cette dichotomie.

Les exemples que nous venons de présenter montrent qu'il s'avère difficile d'établir une classification prenant en compte la totalité des paramètres malgré l'existence de quelques constantes. On peut dire avec Jean-Baptiste Baronian que « le fantastique est d'abord une idée, un simple concept que le récit littéraire module à sa guise, à l'infini[26] ». L'écrivain garde en effet toute sa liberté créative à l'égard de la thématique (et aussi de la forme), ce qui rend peu aisée la création de catégories pertinentes. C'est peut-être la façon dont les thèmes sont traités ou représentés, et non l'appartenance à une catégorie spécifique, qui caractérise le genre fantastique. Néanmoins, il nous paraît convenable de revenir sur les thèmes récurrents afin de situer certaines œuvres de la littérature fantastique hispano-américaine. Notre classification reprend, avec quelques modifications, les catégories abstraites mentionnées auparavant.

a) Les métamorphoses

La nouvelle « La cucaracha » (1883) de l'écrivain mexicain Manuel Gutiérrez Nájera narre la métamorphose d'un cafard en homme (*Cuentos completos*). Dans la nouvelle de Carlos Fuentes, « Chaac Mool » (*Cuerpos y Ofrendas*), une ancienne statue maya prend la forme d'un être humain.

b) Les fantaisies métaphysiques

On peut dire que Borges est l'un des précurseurs de ce genre de fictions. Citons entre autres récits : « Tlön, Uqbar, Orbis Tertius » (*Ficciones*) où est présentée une planète idéaliste sur laquelle la matière n'existe pas. « Funes el memorioso » (*ibid.*), est un texte qui traite de la mémoire prodigieuse

25. Jean Bellemin-Noël, « Des formes fantastiques aux thèmes fantasmatiques », *Littérature*, 1971, p. 116.
26. Jean-Baptiste Baronian, *Panorama de la littérature fantastique de langue française*, Stock, 1978, p. 23.

(surnaturelle) d'un homme. Dans « Las ruinas circulares » (*ibid.*), un mage qui rêve constamment est lui aussi le produit d'un rêve.

c) La chose indéfinissable et invisible

Un des textes les plus connus est celui de « Casa tomada » de Julio Cortázar[27]. Dans cette narration un frère et une sœur sont forcés de quitter leur demeure à cause d'un bruit mystérieux et inexplicable. Cortázar reprend le thème dans « Después del almuerzo » (*Final de juego*). Dans cette nouvelle, un adolescent se promène dans la ville de Buenos Aires avec un être indéfini que l'auteur se garde de décrire.

On trouve une variante du thème dans « La señal » (1985) du Guatémaltèque Rodrigo Rey Rosa (*El Cuchillo del mendigo*). Le narrateur est griffé à plusieurs reprises au visage mais ne parvient pas à découvrir qui est son agresseur.

d) La confusion du rêve et de la réalité

C'est un des thèmes les plus fréquents de la littérature fantastique contemporaine. Citons le récit du Cubain Reinaldo Arenas « Con los ojos cerrados » (1964) (*Termina el desfile*). Dans ce texte, l'histoire s'articule autour d'un jeune garçon qui marche dans la rue les yeux fermés et perçoit un monde opposé à celui qui l'entoure.

Dans « La lluvia » d'Arturo Uslar-Pietri (*Treinta hombres y su sombra*), l'apparition d'un enfant dans la triste réalité d'un vieux couple solitaire est le résultat d'un rêve hallucinatoire.

e) Le dédoublement de la personnalité

Dans « Axolotl » (1956) de Cortázar, la perception du narrateur se confond avec celle d'un poisson dont la tête ressemble à un dieu aztèque (*Final de juego*). Dans « Una señora » (1955) du Chilien José Donoso (*Veraneo y otros cuentos*), le personnage principal voit une femme se multiplier dans le temps et dans l'espace.

---

27. Cette nouvelle a été publiée pour la première fois en 1946 dans *Los Anales de Buenos Aires*. Elle fait aujourd'hui partie de *Antología de la literatura fantástica* de Jorge Luis Borges, Adolfo Bioy Casares et Silvina Ocampo, *op. cit.*, pp. 150-156.

On peut ranger dans cette catégorie de nombreux textes tels que « El salomón negro » (1899) du Nicaraguayen Rubén Darío (*Cuentos fantásticos*), ou encore « El otro » (1975) de Jorge Luis Borges (*El Libro de arena*).

f) Les jeux avec le temps et l'espace

Dans « La trama celeste » (1948) de Bioy Casares (*La Trama celeste*), le capitaine Morris vit dans une multiplicité de mondes et par conséquent dans des temps parallèles. Dans la nouvelle, « Pudo haberme ocurrido » de l'Argentin Manuel Peyrou[28], le narrateur-protagoniste croise dans un bref laps de temps le même homme habillé différemment. On peut inclure dans cette catégorie le thème de l'immortalité. Citons comme exemples : « Las islas nuevas » (1939) de la Chilienne María Luisa Bombal (*La Última Niebla*) et « El inmortal » (1947) de Jorge Luis Borges (*El Aleph*).

Signalons également d'autres thèmes tels que « l'au-delà » dont le roman *Pedro Páramo* (1955) de Juan Rulfo offre une version remarquable (voir présentation de l'auteur p. 99). Les animaux qui parlent reviennent souvent dans l'œuvre narrative de l'Uruguayen Horacio Quiroga. Mentionnons : « Los cazadores de ratas » (1908) et « Anaconda » (1923), ce dernier étant un des textes les plus célèbres de l'écrivain (*Todos los cuentos*). L'Équatorien César Dávila Andrade utilise le même procédé dans « El cóndor ciego » (1966) (*Prosa escogida*). Ces textes qui se rapprochent du merveilleux mettent en relief les différentes confrontations de l'homme avec la nature du continent américain.

D'autres thèmes sont plus spécifiques d'une époque. Ainsi l'hypnose, l'occultisme, le spiritisme, la métempsycose et les doctrines théosophiques inspirent certains écrivains de la période positiviste de la fin du XIXe siècle et du début du XXe. Les récits fantastiques de Rubén Darío « Thanathopia » (1893) et « La larva » (1910) abordent ces sujets (*Cuentos fantásticos*). *Las fuerzas extrañas* (1906) de l'Argentin Leopoldo Lugones contient des histoires dans lesquelles ces thèmes sont traités ; citons entre autres : « La fuerza omega » et « La metamúsica ». Certains textes de Horacio Quiroga

28. In *Cuentos fantásticos argentinos*, sélection de Nicolás Cócaro, Emecé, 1960.

portent également la marque de cette période, telle la nouvelle « La meningitis y su sombra » (1917). Mais les récits des deux écrivains annoncent déjà une évolution dans le domaine thématique. Les nouvelles « Yzur » (voir commentaire p. 48), « El hombre artificial » (1917), dont les sujets d'ordre scientifique indiquent une transition vers un nouveau fantastique, préfigurent le roman de Bioy Casares, *La Invención de Morel*, œuvre qui se rapproche de la science-fiction et qui, avec *Ficciones* de Borges, ouvrent de nouvelles perspectives dans la littérature hispano-américaine contemporaine.

4. Le domaine de l'étrange et de l'absurde

Le genre fantastique a fait l'objet d'une division ternaire fondée sur les relations entre le thétique (le réel) et le non-thétique (l'irréel) et selon un déplacement progressif vers le vraisemblable ou vers l'imaginaire[29]. Ainsi, nous avons au centre de cet axe le « fantastique » où le naturel et surnaturel se confrontent, coexistent ou s'amalgament. À cette catégorie appartiennent la plupart des textes qui nous intéressent. À l'un des extrêmes de l'axe nous trouvons « le merveilleux ». Les récits concernés présentent une situation sans aucun rapport, ou peu, avec le réel, tels les contes de fées, les fables, les mythes et les légendes. À l'autre bout de l'axe se situe « l'étrange ». Les phénomènes représentés ont un caractère souvent extraordinaire mais restent circonscrits dans les limites du vraisemblable. Parmi les récits relevant de cette catégorie, mentionnons : « Las hortensias » (1949) de Felisberto Hernández, texte où un couple entretient de curieuses relations avec des poupées. Dans « Un día después del sábado » (1962) du Colombien Gabriel García Márquez (*Todos los cuentos*), un village est le théâtre d'une mystérieuse et inexplicable invasion d'oiseaux.

Cette division entre « fantastique », « étrange » et « merveilleux », bien qu'utile à beaucoup d'égards (elle permet de définir la nature de certains textes), recèle un caractère restrictif. En premier lieu parce que ces catégo-

29. Irène Bessière, *op. cit.*, p. 37.

ries sont souvent confondues, de telle sorte qu'il est difficile d'établir une distinction pertinente ou de montrer clairement la spécificité d'une œuvre. Nous pensons à *Cien años de soledad* (1967) de Gabriel García Márquez où l'étrange, le merveilleux et le fantastique coexistent, encadrés par une représentation à la fois réaliste et magique du monde. En second lieu parce que d'autres modes de représentation qui entretiennent des relations avec le fantastique sont exclus. Tel est le cas de l'absurde.

Il serait possible également de faire une tripartition de l'absurde suivant ses relations avec le thétique et le non-thétique. Ainsi, on rencontre des textes où l'absurde s'inscrit dans le réel sans lui porter atteinte, c'est-à-dire que certaines manifestations réalistes sont présentées comme absurdes. La nouvelle de Julio Cortázar « No se culpe a nadie » (*Final de juego*), où un homme après avoir essayé en vain de mettre un pullover tombe par la fenêtre, peut être incluse dans cette catégorie, qui évidemment a peu de rapport avec le fantastique. Des relations étroites entre l'absurde et l'irréel existent dans certains textes du Mexicain Juan José Arreola. « El guardagujas » (1952) (*Confabulario definitivo*) est un des exemples les plus célèbres. Dès le début de l'histoire il y a une transgression constante des relations de cause à effet : des trains circulent dans des endroits sans voies ferrées, font des trajets interminables ou bien encore s'arrêtent au milieu de la forêt dans des gares artificielles. Dans « La caída » (1944) du Cubain Virgilio Piñera (*Cuentos*), une situation réelle devient absurde. Deux alpinistes font une chute ; leurs membres se détachent au fur et à mesure qu'ils tombent mais à aucun moment ils ne perdent connaissance. Ils sont conscients de leur situation jusqu'au bout. Citons également la nouvelle du Salvadorien Álvaro Menéndez Leal « Fire and ice » (*Cuentos breves y maravillosos*) où un accident d'avion permet à l'écrivain de dénoncer, par le biais de descriptions réalistes et fantastiques, l'univers absurde et déshumanisé de la technologie.

5. Le merveilleux : mythes et légendes

Bien que le mythe et la légende soient considérés par la critique comme des récits qui relèvent du merveilleux, car il n'y a pas de vraie confrontation entre le réel et l'irréel (les phénomènes surnaturels sont acceptés sans provoquer le scandale de la raison), ils sont souvent associés au fantastique. Dans l'introduction, nous avons déjà souligné, par l'intermédiaire de Borges et Bioy Casares, l'origine ancienne, légendaire et mythique du genre. Cet aspect est confirmé par l'écrivain américain Lovecraft : « Le conte fantastique est aussi vieux que la pensée humaine, aussi vieux que la parole même[30]. » Louis Vax avance une idée similaire : « Le conte fantastique contemporain n'a pas pour ancêtre le conte populaire, mais la légende[31]. »

En Amérique latine, nombreux sont les mythes et légendes, en particulier ceux laissés par les civilisations précolombiennes. Des proses fondatrices telles que les livres maya-quichés du *Chilam Balam* ou le *Popol-Vuh*, ainsi que les *Comentarios Reales* (1609) de Garcilaso de la Vega (1539-1616) ont nourri et nourrissent encore l'univers imaginaire des écrivains hispano-américains. Une œuvre comme *Leyendas de Guatemala* (1930), de Miguel Ángel Asturias, où poésie, rêve et merveilleux coexistent, est un des meilleurs exemples. Signalons également les *Relatos amazónicos* (*Relatos*) du Péruvien Ciro Alegría et la nouvelle de la Colombienne Flor Romero de Nohra « La ruta de Eldorado » (1976) où elle retrace la célèbre légende du prêtre de Sogamuxi qui, recouvert de poussière d'or, allait tous les ans, telle une statue vivante, plonger dans la lagune de Guatavita (Colombie) (*La Ruta de Eldorado*). Néanmoins, tous ces mythes et légendes restent circonscrits dans un monde essentiellement magique et féerique où la réalité n'est pas mise en question. C'est dans d'autres textes qu'ils seront inscrits dans l'univers complexe de l'étrange et du fantastique. À ce propos, nous pouvons dire que les écrivains hispano-américains font une large place aux légendes et mythes précolombiens. Dans la nouvelle de José María Arguedas « La agonía de Rasu-Ñiti » (*Relatos completos*), la figure de Wamani, dieu de la montagne qui se présente sous la forme d'un condor, rôde dans la maison d'une famille indienne. Jorge Luis Borges fait appel à la symbolique maya dans « La escritura del Dios » (*El Aleph*). Avec « La noche boca arriba » et « Axolotl »

30. Howard P. Lovecraft, *Épouvante et Surnaturel en littérature*, Christian Bourgois, 1969, p. 17.
31. Louis Vax, *La Séduction de l'étrange*, op. cit., p. 69.

(*Final de juego*), Julio Cortázar met en scène des figures mythiques aztèques. Dans son roman d'anticipation, *La leyenda de los soles* (1993), le Mexicain Homero Aridjis transforme Huiztilopochtli (dieu du soleil) et Tezcatlipoca (dieu du feu, du ciel nocturne) en hommes politiques.

D'autres écrivains ont recours aussi bien à des légendes populaires qu'à des légendes déjà transmises par la littérature fantastique elle-même. Horacio Quiroga fait revivre la légende du loup-garou (voir « El lobizón » [1906], *Todos los cuentos*) de même que le Paraguayen Rubén Bareiro Saguier (1930) dans la nouvelle « Licantropía[32] » (1990). Avec « Rip-Rip el aparecido » (1890) (*Cuentos completos*), Gutiérrez Nájera réécrit une histoire légendaire reprise auparavant par l'écrivain américain Washington Irving (1783-1859) dans « Rip Van Winkle » (1819).

6. *Realismo mágico* et fantastique

Selon l'écrivain argentin Enrique Anderson Imbert, le terme *realismo mágico* apparaît en Allemagne en 1925 (*magischer Realismus*)[33]. Le critique Franz Roh l'emploie pour qualifier les œuvres picturales de la période post-expressionniste. Des artistes comme Max Beckmann, Georges Grosz et Otto Dix peignaient des objets ordinaires avec un regard émerveillé « car ils contemplaient le monde comme s'il venait de surgir à nouveau du néant, dans une re-création magique[34] ». Pour définir le *realismo mágico*, Anderson Imbert s'appuie sur la dialectique hégélienne : une thèse : le réalisme, une antithèse : le fantastique, une synthèse : l'étrange.

En 1948, Arturo Uslar-Pietri considère que le conte vénézuélien contemporain est dominé par « une divination poétique [...] de la réalité[35] ». Il

32. Ce texte a été publié pour la première fois dans *Nouvelles hispano-américaines*, Presse Pocket, 1990, pp. 163-183.
33. Enrique Anderson Imbert, *El Realismo mágico y otros ensayos*, Monte Ávila, 1976, p. 7.
34. Notre traduction. *Ibid.*
35. Cité par Paul Verdevoye, « Le siècle des Lumières et la réalité merveilleuse », in *Quinze études autour de* El siglo de las luces *de Alejo Carpentier*, L'Harmattan, 1983, p. 151.

qualifie cette nouvelle approche du réel de *realismo mágico*. La même année, le Cubain Alejo Carpentier écrit un article dans *El Nacional* de Caracas où il qualifie l'univers géographique et historique hispano-américain de « réalité merveilleuse ». Il met l'accent sur « la magie de la forêt tropicale » sur « la création effrénée de formes de [la] nature, avec toutes ses métamorphoses et ses symbioses[36] ». Le premier à représenter cet univers magique est le peintre cubain Wilfredo Lam. Selon Carpentier, ses toiles naissent d'une « révélation [...] des richesses inattendues[37] » du monde naturel. Pour ce qui est de l'histoire, il signale également le fait qu'en Amérique latine coexistent de façon surprenante le quaternaire et le XXe siècle[38]. Ces mêmes idées seront reproduites dans la préface de son roman *El Reino de este mundo* (1949) et serviront dorénavant à définir certaines œuvres de la littérature hispano-américaine.

Il est à remarquer que les trois écrivains cités qualifient un même phénomène esthétique d'« étrange » de « magique » et de « merveilleux ». Le premier terme est employé pour indiquer une catégorie limite du fantastique, selon la classification que nous avons donnée auparavant. Les deux derniers désignent respectivement le caractère poétique et inattendu, voire extraordinaire, de la réalité. Tous les trois signalent ou laissent entendre qu'il s'agit d'une nouvelle perception du monde : « regard émerveillé », « divination », « révélation ». Mais aucun ne suggère une transgression des lois de la nature ni une subversion des relations de cause à effet concernant les événements historiques. On pourrait donc considérer le *realismo mágico* comme un mode de représentation esthétique qui s'inscrit, malgré son caractère extraordinaire, dans un univers vraisemblable où les rapports particuliers établis entre l'homme, la nature et l'histoire poussent le réel vers les frontières de l'irréel. C'est sûrement cette situation extrême du réalisme qui a provoqué l'utilisation indistincte des termes *realismo mágico*, *realismo maravilloso* et *fantástico*. On pourrait dire également que

36. *Ibid.*, pp. 150-151.
37. *Ibid.*
38. Cette coexistence de périodes diverses a été signalée aussi par Octavio Paz dans *El Laberinto de la soledad* (1950).

la confusion vient du fait que certaines œuvres, dans lesquelles la représentation de la réalité peut être qualifiée de « magique » et « merveilleuse », se trouvent subordonnées aux lois surnaturelles propres au fantastique. La nouvelle d'Alejo Carpentier « Viaje a la semilla » (1944) (*Cuentos completos*) en est un exemple car les rapports de cause à effet temporels sont inversés. Dans le roman de García Márquez, *Cien años de soledad*, des objets réels tels qu'un bloc de glace ou un aimant (objets magiques pour les habitants de Macondo) font partie d'un univers où le fantastique et le merveilleux font irruption à maintes reprises : conversations des personnages avec les morts, tapis volants, corps qui montent au ciel, etc. Les mythes et les légendes de tradition locale et universelle apparaissent également dans ce roman.

Pour mieux marquer les différences entre *realismo mágico* et fantastique, on peut dire que *le premier se fonde sur la perception d'une réalité aux apparences insolites, mais en fait naturelles, et le second sur une représentation qui tend à donner l'apparence de réalité à des phénomènes surnaturels*.

7. Les écrivains face au réel

Nous avons vu que le fantastique maintient des liens étroits avec le réel car il ne peut exister que par rapport à lui. Qu'il soit présent au début, au milieu ou à la fin du récit, dans la plupart des cas, le fantastique tente d'appréhender dans toute sa complexité les relations entre l'homme (le sujet) et le monde (l'objet). C'est pourquoi certains écrivains (Borges, Bioy Casares) associent le fantastique aux concepts de la philosophie idéaliste. Ils pensent avec Schopenhauer que le monde n'a pas de réalité en soi : il n'est qu'un rêve (ou un cauchemar) qui n'a pas plus de réalité substantielle que celle provoquée par le sommeil. Ainsi, Borges considère que « la littérature est un rêve dirigé[39] ».

---

39. Jorge Luis Borges, *Le Rapport de Brodie*, Gallimard, 1972, p. 10 (*El Informe de Brodie*, Alianza, 1970).

Les narrations de Juan José Arreola reposent souvent sur un anthropocentrisme* fantastique à la manière de Kafka, c'est-à-dire que l'homme devient un être absurde dans une réalité qui ne l'est pas moins.

Juan Rulfo, pour sa part, compare certains villages du Mexique, en particulier ceux de la région de Jalisco, à des cimetières. Pour l'écrivain mexicain, ce sont des villages « dédiés au culte de la mort[40] ». Cette vision de la réalité prend forme dans son roman *Pedro Páramo*. Les habitants de Comala ne sont que des fantômes, des âmes condamnées à errer sur terre, hors du temps et de l'espace.

Dans un entretien avec Alain Sicard, Julio Cortázar définit, en tant qu'homme et écrivain ses relations avec le réel :

> Je suis très réaliste […], la réalité, pour moi en tout cas, c'est une espèce d'immense éponge pleine de trous et par ces trous il se glisse tout le temps des éléments […] qui la font basculer […], c'est à ce moment-là que je sens arriver ce qui dans mes contes prend un côté fantastique […]. Je pense que le fantastique fait partie de la réalité […] pour moi le fantastique est aussi réel que la soi-disant réalité […] quand il y a irruption fantastique soit dans ma vie soit dans un conte que j'écris, le côté fantastique est plus réel que la réalité[41].

D'autres auteurs, comme le Paraguayen Augusto Roa Bastos, considèrent l'horreur de certaines réalités (la guerre, la torture, la prison) comme fantastique (voir « El prisionero » in *El Trueno entre las hojas*).

Pour García Márquez, dont la lecture de *La Métamorphose* de Kafka l'a poussé vers l'écriture à l'âge de dix-sept ans, la vie quotidienne en Amérique latine est pleine d'événements extraordinaires, à tel point que son roman *Cien años de soledad* a été lu en Colombie sans aucune surprise car, selon lui, ce qu'il raconte n'est pas différent de ce que vivent les hommes[42].

Les points de vue que nous venons d'exposer montrent que, pour la plupart des écrivains du fantastique hispano-américain, il s'avère impos-

40. Luis Harss, *Portraits et Propos*, Gallimard, 1970, p. 301.
41. Cité par Bernard Terramorsi, *op. cit.*, pp. 17-18.
42. Gabriel García Márquez, *El Olor de la guayaba* (Conversaciones con Plinio Apuleyo Mendoza), La Oveja Negra, 1982, p. 36.

sible d'établir des frontières précises entre le sujet et l'objet. Que ce soit dans leur univers littéraire ou bien dans leur existence, le fantastique peut être réel et le réel fantastique.

8. L'ESTHÉTIQUE DU FANTASTIQUE HISPANO-AMÉRICAIN

Les diverses relations que la littérature fantastique hispano-américaine entretient avec le réel recèlent non seulement des préoccupations ontologiques (l'être et la réalité) mais aussi des préoccupations esthétiques.

Dans l'introduction de cet ouvrage, nous avons déjà signalé que la *Antología de la literatura fantástica* publiée en 1940 par Borges, Bioy Casares et Silvina Ocampo marquait une rupture avec la littérature réaliste de l'époque et laissait entrevoir le caractère intemporel et universel du fantastique. On peut dire que cette anthologie est la forme concrète des idées formulées par Borges cette même année dans la préface du roman de Bioy Casares, *La Invención de Morel*. En effet, l'écrivain s'attaque tout particulièrement au roman psychologique et réaliste :

> Le roman de caractère, ou « psychologique », tend à être informe. Les Russes et les disciples des Russes ont démontré jusqu'à la nausée que rien n'est impossible : suicide par excès de bonheur, assassinats par charité, personnes qui s'adorent au point de se séparer pour toujours, traître par amour ou par humilité… Cette liberté finit par rejoindre le désordre total. D'autre part, le roman « psychologique » veut être aussi roman « réaliste » : il préfère que nous oublions son caractère d'artifice verbal, et il fait de toute vaine précision […] une nouvelle touche de vraisemblance[43].

Deux idées d'ordre esthétique guident la pensée de Borges. La première, qui est implicite et découle de celle formulée dans son article « L'art narratif et la magie[44] » (le terme « magie » est ici synonyme d'« invention »), est le souci de la forme et de la cohérence (voir structure p. 11). La seconde,

43. Jorge Luis Borges, *Livre des préfaces*, Gallimard, 1980, pp. 28-29.
44. Jorge Luis Borges, *Discussion*, *op. cit.*

explicite, est le refus de l'esthétique réaliste. Ainsi, Borges récuse la description précise, chaotique et inutile de la réalité. La préface de *La Invención de Morel* ne fait que reprendre les concepts esthétiques de Robert Louis Stevenson (1850-1894) que Borges cite au début du texte. Michel Le Bris a fort bien remarqué l'influence de l'écrivain anglais et l'importance que les idées postulées par Borges ont prises dans le contexte littéraire hispano-américain de l'époque :

> Les spécialistes s'accordent généralement à situer cette « renaissance » [celle de la fiction fantastique] dans les débats passionnés qui suivirent la publication, en novembre 1940, de *L'Invention de Morel* d'Adolfo Bioy Casares, où Borges, dans une brève préface, répliquant vivement à Ortega y Gasset, ruinant au passage les thèses naturalistes, paraissait ouvrir à la littérature un espace de plein vent, où pouvaient se déployer les puissances de l'imaginaire [...]. Dès la première phrase, Borges se réfère [...] à « Une humble remontrance » de Stevenson [...][45].

Il nous paraît essentiel de reproduire ici quelques idées esthétiques de Robert Louis Stevenson car, d'une manière ou d'une autre, elles se reflètent dans de nombreux textes fantastiques hispano-américains. Citons tout d'abord celles de son article « Une humble remontrance » (1884) :

> Aucun art ne rivalise avec la vie. La seule méthode [artistique] de l'homme, qu'il pense ou qu'il crée, est de clore à demi les paupières pour se protéger de l'éblouissement et de la confusion de la réalité[46].

Dans « Une note sur le réalisme » (1883), Stevenson oppose l'idéalisme (imagination, invention) à l'esthétique réaliste (transcription, accumulation) :

> L'idéaliste, l'œil fixé sur les traits essentiels, aime assez remplir les intervalles par des détails d'ordre conventionnel, brièvement effleurés, sur un ton [...] qui affecte volontiers la négligence [...]. Pour le réaliste, le danger immédiat est de sacrifier la beauté et l'importance de l'ensemble à

45. Michel Le Bris, Préface in Robert Louis Stevenson, *Essais sur l'art de la fiction*, La Table Ronde, 1988, pp. 11-12.
46. *Ibid.*, p. 235.

> l'habileté du détail, ou, lancé à la folle poursuite de l'achèvement, d'immoler ses lecteurs sous l'accumulation des faits [...] en s'obstinant, avec une application très scientifique, à communiquer des choses qui n'en valent plus la peine[47].

À l'exception des œuvres du *realismo mágico*, où les descriptions baroques de la réalité prédominent, la plupart des récits fantastiques suivent les préceptes de Stevenson. Les écrivains laissent peu de place aux longues descriptions réalistes. Les personnages ne font plus l'objet de portraits précis. Les paysages sont seulement évoqués afin de donner un peu de vraisemblance au cadre de l'action, ou alors ils deviennent des éléments dynamiques, comme dans certains textes de Horacio Quiroga et de Juan Rulfo (voir les commentaires de « La insolación » p. 60 et de « Luvina » p. 109). La représentation des objets n'est plus photographique ; ils acquièrent souvent une dimension symbolique ou jouent un rôle essentiellement ludique. Ainsi le fantastique, tout en exprimant une vision plus profonde et plus complexe de la réalité, fait du réalisme un simple moyen et non une fin.

47. *Ibid.*, pp. 228-229.

LES ÉCRIVAINS DU FANTASTIQUE EN AMÉRIQUE LATINE

1. RUBÉN DARÍO

Rubén Darío est né au Nicaragua en 1867 et mort en 1916. Considéré comme le « père » du mouvement *modernista*, mouvement inspiré des poètes parnassiens et symbolistes français, il s'est consacré essentiellement à la poésie. Parmi ses œuvres les plus représentatives citons : *Azul* (1890), *Prosas profanas y otros poemas* (1896), *Cantos de vida y esperanza* (1905), *Canto a la Argentina* (1914).

Il est aussi l'un des premiers auteurs de récits fantastiques en Amérique latine. Attiré par la mythologie, les doctrines des religions orientales, le pythagorisme*, la kabbale* et la théosophie, ses textes recèlent souvent des aspects ésotériques comme dans les nouvelles « La larva », « Thanathopia » et « Véronica ». D'autre part, l'influence d'Edgar Poe (1809-1849) — Rubén Darío lui consacra en 1913 trois articles dans le journal *La Nación* de Buenos Aires[1] — et celle de Thomas de Quincey (1785-1859), l'auteur des *Confessions d'un opiomane anglais* (1822), se font sentir dans l'univers onirique et hallucinatoire de certaines de ses histoires, notamment dans « La pesadilla de Honorio ».

Dans d'autres narrations, l'écrivain joue avec le temps, comme dans « El caso de la señorita Amelia » où une fillette de douze ans ne vieillit pas, transgressant ainsi les lois temporelles de la nature. Dans la nouvelle « D. Q. », initiales de Don Quichotte, l'auteur utilise la technique de

1. Ces articles ont été réunis par José Olivio Jiménez sous le titre « Edgar Poe y los sueños » in Rubén Darío, *Cuentos fantásticos*, Alianza, 1979, pp. 91-112.

l'anachronisme délibéré pour ressusciter le célèbre personnage de Miguel de Cervantes et le situer, en tant que soldat, au milieu de la guerre qui eut lieu en 1898 entre Cuba et les États-Unis.

La plupart des récits fantastiques de Rubén Darío furent écrits entre 1893 et 1894. Le texte que nous analysons ici, « Huitzilopoxtli » apparaît pour la première fois en 1915 dans le journal guatémaltèque *Diario de Centro-América*. Il sera inclus en 1976 dans un nouveau recueil de nouvelles : *Cuentos fantásticos* (voir bibliographie).

HUITZILOPOXTLI
Leyenda mexicana

Tuve que ir, hace poco tiempo, en una comisión periodística, de una ciudad frontera de los Estados Unidos, a un punto mexicano en que había un destacamento de Carranza. Allí se me dio una recomendación y un salvoconducto para penetrar en la parte de territorio dependiente de Pancho Villa, el guerrillero y caudillo militar formidable. Yo tenía que ver un amigo, teniente en las milicias revolucionarias, el cual me había ofrecido datos para mis informaciones, asegurándome que nada tendría que temer durante mi permanencia en su campo.

Hice el viaje, en automóvil, hasta un poco más allá de la línea fronteriza en compañía de míster John Perhaps, médico, y también hombre de periodismo, al servicio de diarios yanquis, y del Coronel Reguera, o mejor dicho, el Padre Reguera, uno de los hombres más raros y terribles que haya conocido en mi vida. El Padre Reguera es un antiguo fraile que, joven en tiempo de Maximiliano, imperialista, naturalmente, cambió en el tiempo de Porfirio Díaz de Emperador sin cambiar en nada de lo demás. Es un viejo fraile vasco que cree en que todo está dispuesto por la resolución divina. Sobre todo, el derecho divino del mando es para él indiscutible.

— Porfirio dominó — decía — porque Dios lo quiso. Porque así debía ser.

— ¡ No diga macanas[2] ! — contestaba míster Perhaps, que había estado en la Argentina.

2. *macanas* : tonterías.

— Pero a Porfirio le faltó la comunicación con la Divinidad... ¡ Al que no respeta el misterio se lo lleva el diablo ! Y Porfirio nos hizo andar sin sotana por las calles. En cambio Madero...
Aquí en México, sobre todo, se vive en un suelo que está repleto de misterio. Todos esos indios que hay no respiran otra cosa. Y el destino de la nación mexicana está todavía en poder de las primitivas divinidades de los aborígenes. En otras partes se dice : « Rascad... y aparecerá el... ». Aquí no hay que rascar nada. El misterio azteca, o maya, vive en todo mexicano por mucha mezcla social que haya en su sangre, y esto en pocos.
— Coronel, ¡ tome un whiskey ! — dijo míster Perhaps, tendiéndole su frasco de ruolz[3].
— Prefiero el comiteco — respondió el Padre Reguera, y me tendió un papel con sal, que sacó de un bolsón, y una cantimplora llena del licor mexicano.
Andando, andando, llegamos al extremo de un bosque, en donde oímos un grito : « ¡ Alto ! ». Nos detuvimos. No se podía pasar por ahí. Unos cuantos soldados indios descalzos, con sus grandes sombrerones y sus rifles listos, nos detuvieron.
El viejo Reguera parlamentó con el principal, quien conocía también al yanqui. Todo acabó bien. Tuvimos dos mulas y un caballejo para llegar al punto de nuestro destino. Hacía luna cuando seguimos la marcha. Fuimos paso a paso. De pronto exclamé dirigiéndome al viejo Reguera :
— Reguera, ¿ cómo quiere que le llame, Coronel o Padre ?
— ¡ Como la que lo parió ! — bufó el apergaminado personaje.
— Lo digo — repuse — porque tengo que preguntarle sobre cosas que a mí me preocupan bastante.
Las dos mulas iban a un trotecito regular, y solamente míster Perhaps se detenía de cuando en cuando a arreglar la cincha de su caballo, aunque lo principal era el engullimiento de su whiskey.
Dejé que pasara el yanqui adelante, y luego, acercando mi caballería a la del Padre Reguera, le dije :
— Usted es un hombre valiente, práctico y antiguo. A usted le respetan y lo quieren mucho todas estas indiadas. Dígame en confianza : ¿ es cierto

3. *ruolz* : metal blanco compuesto de cobre, níquel y plata.

que todavía se suelen ver aquí cosas extraordinarias, como en tiempos de la conquista ?

— ¡ Buen diablo se lo lleve a usted ! ¿ Tiene tabaco ? Le di un cigarro.

— Pues le diré a usted. Desde hace muchos años conozco a estos indios como a mí mismo, y vivo entre ellos como si fuese uno de ellos. Me vine aquí muy muchacho, desde en tiempo de Maximiliano. Ya era cura y sigo siendo cura, y moriré cura.

— ¿ Y... ?

— No se meta en eso.

— Tiene usted razón, Padre ; pero sí me permitirá que me interese en su extraña vida. ¿ Cómo usted ha podido ser durante tantos años sacerdote, militar, hombre que tiene una leyenda, metido por tanto tiempo entre los indios, y por último aparecer en la Revolución con Madero ? ¿ No se había dicho que Porfirio le había ganado a usted ?

El viejo Reguera soltó una gran carcajada.

— Mientras Porfirio tuvo a Dios, todo anduvo muy bien ; y eso por doña Carmen...

— ¿ Cómo, Padre ?

— Pues así... Lo que hay es que los otros dioses...

— ¿ Cuáles, Padre ?

— Los de la tierra...

— ¿ Pero usted cree en ellos ?

— Calla, muchacho, y tómate otro comiteco.

— Invitemos — le dije — a míster Perhaps, que se ha ido ya muy delantero.

— ¡ Eh, Perhaps ! ¡ Perhaps !

No nos contestó el yanqui.

— Espere — le dije —, Padre Reguera ; voy a ver si lo alcanzo.

— No vaya — me contestó mirando al fondo de la selva —. Tome su comiteco.

El alcohol azteca había puesto en mi sangre una actividad singular. A poco andar en silencio, me dijo el Padre :

— Si Madero no se hubiera dejado engañar...

— ¿ De los políticos ?

— No, hijo ; de los diablos...

— ¿ Cómo es eso ?

— Usted sabe.
— Lo del espiritismo...
— Nada de eso. Lo que hay es que él logró ponerse en comunicación con los dioses viejos...
— ¡ Pero, Padre... !
— Sí, muchacho, sí, y te lo digo porque, aunque yo diga misa, eso no me quita lo aprendido por todas esas regiones en tantos años... Y te advierto una cosa : con la cruz hemos hecho aquí muy poco, y por dentro y por fuera el alma y las formas de los primitivos ídolos nos vencen... Aquí no hubo suficientes cadenas cristianas para esclavizar a las divinidades de antes ; y cada vez que han podido, y ahora sobre todo, esos diablos se muestran.
Mi mula dio un salto atrás, toda agitada y temblorosa ; quise hacerla pasar y fue imposible.
— Quieto, quieto — me dijo Reguera.
Sacó su largo cuchillo y cortó de un árbol un varejón, y luego con él dio unos cuantos golpes en el suelo.
— No se asuste — me dijo — ; es una cascabel.
Y vi entonces una gran víbora que quedaba muerta a lo largo del camino. Y cuando seguimos el viaje, oí una sorda risita del cura...
— No hemos vuelto a ver al yanqui — le dije.
— No se preocupe ; ya le encontraremos alguna vez.
Seguimos adelante. Hubo que pasar a través de una gran arboleda tras la cual oíase el ruido del agua en una quebrada. A poco : « ¡ Alto ! ».
— ¿ Otra vez ? — le dije a Reguera.
— Sí — me contestó —. Estamos en el sitio más delicado que ocupan las fuerzas revolucionarias. ¡ Paciencia !
Un oficial con varios soldados se adelantaron. Reguera les habló y oí contestar al oficial :
— Imposible pasar más adelante. Habrá que quedar ahí hasta el amanecer.
Escogimos para reposar un escampado bajo un gran ahuehuete[4].
De más decir que yo no podía dormir. Yo había terminado mi tabaco y pedí a Reguera.

4. *ahuehuete* : árbol conífero americano.

— Tengo — me dijo —, pero con mariguana.
Acepté, pero con miedo, pues conozco los efectos de esa yerba embrujadora, y me puse a fumar. En seguida el cura roncaba y yo no podía dormir.
Todo era silencio en la selva, pero silencio temeroso, bajo la luz pálida de la luna. De pronto escuché a lo lejos como un quejido largo y aullante, que luego fue un coro de aullidos. Yo ya conocía esa siniestra música de las selvas salvajes : era el aullido de los coyotes.
Me incorporé cuando sentí que los clamores se iban acercando. No me sentía bien y me acordé de la mariguana del cura. Si sería eso...
Los aullidos aumentaban. Sin despertar al viejo Reguera, tomé mi revólver y me fui hacia el lado en donde estaba el peligro.
Caminé y me interné un tanto en la floresta, hasta que vi una especie de claridad que no era la de la luna, puesto que la claridad lunar, fuera del bosque, era blanca, y ésta, dentro, era dorada. Continué internándome hasta donde escuchaba como un vago rumor de voces humanas alternando de cuando en cuando con los aullidos de los coyotes.
Avancé hasta donde me fue posible. He aquí lo que vi : un enorme ídolo de piedra, que era ídolo y altar al mismo tiempo, se alzaba en esa claridad que apenas he indicado. Imposible detallar nada. Dos cabezas de serpiente, que eran como brazos o tentáculos del bloque, se juntaban en la parte superior, sobre una especie de inmensa testa descarnada, que tenía a su alrededor una ristra de manos cortadas, sobre un collar de perlas, y debajo de eso, vi, en vida de vida, un movimiento monstruoso. Pero ante todo observé unos cuantos indios, de los mismos que nos habían servido para el acarreo de nuestros equipajes, y que silenciosa y hieráticamente daban vueltas alrededor de aquel altar viviente.
Viviente, porque fijándome bien, y recordando mis lecturas especiales, me convencí de que aquello era un altar de Teoyaomiqui, la diosa mexicana de la muerte. En aquella piedra se agitaban serpientes vivas, y adquiría el espectáculo una actualidad espantable.
Me adelanté. Sin aullar, en un silencio fatal, llegó una tropa de coyotes y rodeó el altar misterioso. Noté que las serpientes, aglomeradas, se agitaban ; y al pie del bloque ofídico, un cuerpo se movía, el cuerpo de un hombre. Míster Perhaps estaba allí.
Tras un tronco de árbol yo estaba en mi pavoroso silencio. Creí padecer

una alucinación ; pero lo que en realidad había era aquel gran círculo que forman esos lobos de América, esos aullantes coyotes más fatídicos que los lobos de Europa.
Al día siguiente, cuando llegamos al campamento, hubo que llamar al médico para mí.
Pregunté por el Padre Reguera.
— El Coronel Reguera — me dijo la persona que estaba cerca de mí — está en este momento ocupado. Le faltan tres por fusilar.

Rubén Darío, Huitzilopoxtli (1915) in *Cuentos fantásticos,*
Alianza Editorial, 1976.

COMMENTAIRE

Estructura

Compuesto de tres partes, el cuento se estructura según **un proceso espacio-temporal** (frontera-selva, día-noche) dentro del cual la acción se desplaza del plano histórico al plano mítico-legendario, de lo real a lo irreal.

• *El principio (líneas 1-37)*
Rubén Darío sitúa a los protagonistas en el marco de la Revolución mexicana (1910-1920) mediante alusiones directas a algunos de los principales actores : Carranza, Pancho Villa, Madero.

• *El medio (líneas 38-104)*
Esta parte sirve como elemento de transición entre la realidad histórica (« los soldados indios con sus grandes sombrerones y sus rifles listos ») y el universo irreal del mito y la leyenda (« primitivos ídolos », « divinidades de antes »).

• *El fin (líneas 104-170)*
En la última secuencia de la tercera parte el fenómeno sobrenatural (la aparición del altar viviente de la diosa Teoyaomiqui) irrumpe en la realidad.

Organización temática

Como se ha visto, Rubén Darío elabora el cuento a partir de referencias históricas e indicios de índole mítico-legendaria que se van entrelazando a lo largo de la narración. El dios azteca del sol, Huitzilopoxtli, reencarnación de un guerrero muerto, y la diosa Teoyaomiqui ocupan respectivamente el principio y el fin de la **cadena semántica**. El título y el subtítulo indican, de manera explícita e implícita a la vez, el carácter sobrenatural de la historia y su estrecha relación con el tema de la guerra y de la muerte (sacrificio). Así, la organización temática del relato se puede resumir según dos paradigmas*, como lo muestra el cuadro siguiente :

Historia	Mito
<u>Primera parte</u> Destacamento Carranza Territorio Pancho Villa Milicias revolucionarias Tiempo de Porfirio Díaz/Madero	<u>Primera parte</u> Huitzilopoxtli Primitivas divinidades Misterio azteca o maya
<u>Segunda parte</u> Soldados/rifles Revolución de Madero Porfirio Díaz	<u>Segunda parte</u> Otros dioses Primitivos ídolos Divinidades de antes
<u>Tercera parte</u> Fuerzas revolucionarias Oficial/soldados Campamento	<u>Tercera parte</u> Ídolo de piedra Altar de Teoyaomiqui (Diosa mexicana de la muerte)

En cuanto a la figura del padre Reguera, Darío traza un retrato bastante insólito donde se confunde lo profano con lo sagrado y donde lo verosímil linda con lo inverosímil. En primer lugar, el autor asocia « profesiones » dispares : fraile y coronel. En segundo lugar, el narrador señala que es « uno de los hombres más raros y terribles » que conoció. Católico ferviente, Reguera bebe comiteco, vive entre los indios « como si fuese uno de ellos », da misa y deja entender que cree en los dioses aztecas, fuma marihuana y fusila a los enemigos. Estos atributos del personaje tendrán significaciones importantes con respecto a los contenidos simbólicos del texto (véase Fantástico y realidad).

El advenimiento del hecho fantástico se va sugiriendo por etapas. En la primera parte el término « misterio », asociado a « las primitivas divinidades » aparece de manera recurrente (cinco veces). En la segunda, el narrador se refiere a « cosas extraordinarias, como en tiempos de la conquista ». Míster Perhaps desaparece « en el fondo de la selva », y el padre Reguera afirma que Madero « logró ponerse en comunicación con los dioses viejos ». En la tercera parte, la aparición de la cascabel anuncia las serpientes que rodean el altar de la diosa de la muerte. La luna, el « silencio temeroso » y la « siniestra música » de los coyotes prefiguran y encuadran la extraña materialización del mito y la leyenda.

Características del relato

Pese al aspecto tenebroso del altar, los elementos que lo componen (serpientes, manos cortadas, collar de perlas) pertenecen al mundo real. El ídolo viviente adquiere una dimensión sobrenatural no porque su configuración trasgrede las leyes naturales, sino porque surge de manera extraña en un contexto en que los rituales y sacrificios humanos han desaparecido. Se podría decir que ídolo y sacrificio trasgreden la causalidad histórica. Sin embargo ambos fenómenos podrían ser verosímiles, sobre todo en una realidad donde aún sobreviven ciertos valores del pasado precolombino. En « Huitzilopoxtli » lo irreal raya con lo real, de modo que el cuento puede considerarse como extraño.

Por otra parte, Rubén Darío se sirve de algunas técnicas y temas característicos del género fantástico. Así, la relación entre personaje y aparición se inscribe dentro del tópico señalado por Joël Malrieu : « Confrontation d'un personnage isolé avec un phénomène extérieur à lui ou non, surnaturel ou non, mais dont la présence ou l'intervention représente une contradiction profonde avec les cadres de pensée et de vie du personnage[5]. » El viaje del narrador que implica, como en

5. Joël Malrieu, *Le Fantastique, op. cit.*, p. 49.

muchos relatos fantásticos, un « pèlerinage aux sources de l'épouvante[6] » resulta también un desplazamiento en el tiempo, o mejor dicho un viaje que culmina fuera del tiempo. Con la llegada de la noche (« hacía luna », « bajo la luz pálida de la luna ») y la penetración en la « selva salvaje », elementos que poco a poco se ciernen sobre el protagonista, Darío presenta dos situaciones iterativas del género. La noche fantástica suprime toda demarcación, disipa los contornos ; es el momento privilegiado de las apariciones y desapariciones (el altar de la diosa Teoyaomiqui, Míster Perhaps). En « Huitzilopoxtli », la selva se convierte en misterio, en fuente de infinitos e inefables terrores. También la noche suprime el tiempo. En un mundo sin puntos de referencia precisos todo resulta posible y, como lo explica Marc Michel, « minuit enferme à jamais le temps dans un retour éternel[7] ».

Fantástico y realidad

En « Huitzilopoxtli », Rubén Darío presenta el retorno de los mitos y leyendas para denunciar una situación histórica y poner de relieve el sincretismo* religioso y cultural de la sociedad mexicana, sincretismo que escapa a la « objetividad » de un periodista como Míster Perhaps. El extraño comportamiento del padre-coronel Reguera es un ejemplo más de la fusión de distintos elementos culturales y religiosos. Además, su figura y su apellido poseen respectivamente un carácter legendario y simbólico : reguero de sangre.

Se podría decir que el cuento consta de dos leyendas. La primera, de índole fantástica, resulta de un **proceso diacrónico** : el resurgimiento del mito ; la segunda, real, de un **proceso sincrónico** : la Revolución mexicana. Ambas se refieren al pasado (religión azteca, conquista española y evangelización) y se conjugan de manera simbólica en una compleja realidad histórica cuyo atroz corolario es la muerte por sacrificio y fusilamiento.

6. Louis Vax, *La Séduction de l'étrange, op. cit.*, p. 198.
7. Marc Michel, « À propos du conte fantastique », *N.R.F.*, 1962, p. 498.

2. Leopoldo Lugones

Leopoldo Lugones est né en 1874 dans la province de Córdoba (centre de l'Argentine). Il s'est suicidé près de Buenos Aires en 1938.

Modernista, comme Rubén Darío, son œuvre poétique comprend des poèmes décadents et symbolistes : *Los crepúsculos del jardín* (1905), *Lunario sentimental* (1909), ainsi que des récits populaires en prose : *Romances del río seco* (1938). Il a aussi été l'auteur de nombreux essais historiques, littéraires et politiques. Signalons respectivement *El Imperio jesuítico* (1904), *El Payador* (1916) et *La Grande Argentina* (1930).

Sa prose narrative relève essentiellement du genre fantastique. Un premier recueil de nouvelles apparaît en 1906 sous le titre *Las Fuerzas extrañas*. Dix-huit ans plus tard, en 1924, il publie *Cuentos fatales*.

Fervent autodidacte, Lugones s'est intéressé aussi bien aux disciplines scientifiques (botanique, zoologie, mathématiques) qu'à la philosophie et aux mythes universels. D'accord avec les préoccupations de son époque et inspiré par Edgar Poe, il s'est initié également aux sciences occultes. Son énorme culture scientifique et humaniste transparaît tout au long de son œuvre. On pourrait ainsi classer la plupart de ses récits fantastiques selon deux groupes : les nouvelles où prédominent les fantaisies scientifiques (voire pseudo-scientifiques) et celles inspirées des mythes et des légendes. Pour la première catégorie, citons « La fuerza Omega », « El psychon », « Viola acherontia » et « La metamúsica » (*Las Fuerzas extrañas*). Pour la seconde, signalons « La estatua de sal », récit qui reprend l'histoire biblique de la femme de Lot, et « La lluvia de fuego » (*ibid.*), version étrange du Déluge. « El espejo negro » (*Cuentos fantásticos*) se fonde à la fois sur des concepts théosophiques et sur des éléments légendaires. On peut aussi inscrire certains textes dans les catégories thématiques propres au fantastique. Dans « ¿ Una mariposa ? » (*ibid.*), la métamorphose d'une jeune fille en papillon et les jeux avec le temps (histoires simultanées) marquent l'histoire. Dans « El secreto de Don Juan » (*Cuentos fatales*), le mythe célèbre est incarné par un personnage immortel.

Une autre particularité des textes fantastiques de Lugones réside dans le fait qu'il associe souvent l'homme à l'animal. Ainsi, par exemple, dans la nouvelle « Un fenómeno inexplicable » (*Las Fuerzas extrañas*), l'ombre d'un homme devient celle d'un singe, situation qui renvoie également au thème du double. Dans « Los caballos de Abdera » (*ibid.*), les habitants de la ville dotent leurs chevaux d'attributs humains. « Yzur » (*ibid.*) appartient à cette catégorie.

Il faut signaler que les récits de Lugones marquent une étape fondamentale dans l'évolution de la littérature fantastique argentine, l'une des plus prolifiques sur le continent latino-américain. Avec *Las Fuerzas extrañas*, apparaît pour la première fois une œuvre techniquement et thématiquement cohérente qui corrobore l'existence d'une tradition déjà commencée par des écrivains tels que Juana Manuela Gorriti (1818-1892), Eduardo Holmberg (1852-1937) et Carlos Bunge (1875-1927). L'œuvre de Lugones sera aussi, comme nous le verrons par la suite, source d'inspiration pour Horacio Quiroga et Jorge Luis Borges.

YZUR

Compré el mono en el remate[8] de un circo que había quebrado.

La primera vez que se me ocurrió tentar la experiencia a cuyo relato están dedicadas estas líneas fue una tarde, leyendo no sé dónde que los naturales de Java atribuían la falta de lenguaje articulado en los monos a la abstención, no a la incapacidad. « No hablan, decían, para que no los hagan trabajar ».

Semejante idea, nada profunda al principio, acabó por preocuparme hasta convertirse en este postulado antropológico : los monos fueron hombres que por una u otra razón dejaron de hablar. El hecho produjo la atrofia de sus órganos de fonación y de los centros cerebrales del lenguaje ; debilitó casi hasta suprimirla la relación entre unos y otros, el idioma de la especie en el grito inarticulado, y el humano primitivo descendió a ser animal.

Claro está que si llegara a demostrarse esto quedarían explicadas desde luego todas las anomalías que hacen del mono un ser tan singular ; pero

8. *remate* : subasta pública.

ello no tendría sino una demostración posible : volver el mono al lenguaje.

Entre tanto había corrido el mundo con el mío, vinculándolo cada vez más por medio de peripecias y aventuras. En Europa llamó la atención, y, de haberlo querido, llegó a darle la celebridad de un *Cónsul*[9], pero mi seriedad de hombre de negocios mal se avenía con tales payasadas.

Trabajado por mi idea fija del lenguaje de los monos, agoté toda la bibliografía concerniente al problema, sin ningún resultado apreciable. Sabía únicamente, con entera seguridad, *que no hay ninguna razón científica para que el mono no hable*. Esto llevaba cinco años de meditaciones.

Yzur (nombre cuyo origen nunca pude descubrir, pues lo ignoraba igualmente su anterior patrón), Yzur era ciertamente un animal notable. La educación del circo, bien que reducida casi enteramente al mimetismo, había desarrollado mucho sus facultades ; y esto era lo que me incitaba más a ensayar sobre él mi en apariencia disparatada teoría.

Por otra parte, sábese que el chimpancé (Yzur lo era) es entre los monos el mejor provisto de cerebro y uno de los más dóciles, lo cual aumentaba mis probabilidades. Cada vez que lo veía avanzar en dos pies, con las manos a la espalda para conservar el equilibrio, y su aspecto de marinero borracho, la convicción de su humanidad detenida se vigorizaba en mí.

No hay a la verdad razón alguna para que el mono no articule absolutamente. Su lenguaje natural, es decir, el conjunto de gritos con que se comunica a sus semejantes, es asaz variado ; su laringe, por más distinta que resulte de la humana, nunca lo es tanto como la del loro, que habla, sin embargo ; y en cuanto a su cerebro, fuera de que la comparación con el de este último animal desvanece toda duda, basta recordar que el del idiota es también rudimentario, a pesar de lo cual hay cretinos que pronuncian algunas palabras. Por lo que hace a la circunvolución de Broca, depende, es claro, del desarrollo total del cerebro ; fuera de que no está probado que ella sea *fatalmente* el sitio de localización del lenguaje. Si es el caso de localización mejor establecido en anatomía, los hechos contradictorios son desde luego incontestables.

---

9. *Cónsul* : nombre de un mono famoso de comienzos de siglo ; Rubén Darío lo vio en un *music-hall* de París.

Felizmente, los monos tienen, entre sus muchas malas condiciones, el gusto por aprender, como lo demuestra su tendencia imitativa ; la memoria feliz, la reflexión que llega hasta una profunda facultad de disimulo, y la atención comparativamente más desarrollada que en el niño. Es, pues, un sujeto pedagógico de los más favorables.

El mío era joven además, y es sabido que la juventud constituye la época más intelectual del mono, parecido en esto al negro. La dificultad estribaba solamente en el método que emplearía para comunicarle la palabra.

Conocía todas las infructuosas tentativas de mis antecesores ; y está de más decir que, ante la competencia de algunos de ellos y la nulidad de todos sus esfuerzos, mis propósitos fallaron más de una vez ; cuando el tanto pensar sobre aquel tema fue llevándome a esta conclusión :

Lo primero consiste en desarrollar el aparato de fonación del mono.

Así es, en efecto, como se procede con los sordomudos antes de llevarlos a la articulación ; y no bien hube reflexionado sobre esto, cuando las analogías entre el sordomudo y el mono se agolparon en mi espíritu.

Primero de todo, su extraordinaria movilidad mímica que compensa al lenguaje articulado, demostrando que no por dejar de hablar se deja de pensar, así haya disminución de esta facultad por la paralización de aquélla. Después, otros caracteres más peculiares por ser más específicos : la diligencia en el trabajo, la fidelidad, el coraje, aumentados hasta la certidumbre por estas dos condiciones cuya comunidad es verdaderamente reveladora : la facilidad para los ejercicios de equilibrio y la resistencia al mareo.

Decidí, entonces, empezar mi obra con una verdadera gimnasia de los labios y de la lengua de mi mono, tratándolo en esto como a un sordomudo. En lo restante, me favorecería el oído para establecer comunicaciones directas de palabra, sin necesidad de apelar al tacto. El lector verá que en esta parte prejuzgaba con demasiado optimismo.

Felizmente, el chimpancé es de todos los grandes monos el que tiene labios más movibles ; y en el caso particular, habiendo padecido Yzur de anginas, sabía abrir la boca para que se la examinaran.

La primera inspección confirmó en parte mis sospechas. La lengua permanecía en el fondo de su boca, como una masa inerte, sin otros movimientos que los de la deglución. La gimnasia produjo luego su

efecto, pues a los dos meses ya sabía sacar la lengua para burlar. Ésta fue la primera relación que conoció entre el movimiento de su lengua y una idea ; una relación perfectamente acorde con su naturaleza, por otra parte.
Los labios dieron más trabajo, pues hasta hubo que estirárselos con pinzas ; pero apreciaba — quizá por mi expresión — la importancia de aquella tarea anómala y la acometía con viveza. Mientras yo practicaba los movimientos labiales que debía imitar, permanecía sentado, rascándose la grupa con su brazo vuelto hacia atrás y guiñando en una concentración dubitativa, o alisándose las patillas con todo el aire de un hombre que armoniza sus ideas por medio de ademanes rítmicos. Al fin aprendió a mover los labios.
Pero el ejercicio del lenguaje es un arte difícil, como lo prueban los largos balbuceos del niño, que lo llevan, paralelamente con su desarrollo intelectual, a la adquisición del hábito. Está demostrado, en efecto, que el centro propio de las inervaciones vocales se halla asociado con el de la palabra en forma tal, que el desarrollo normal de ambos depende se su ejercicio armónico ; y esto ya lo había presentido en 1785 Heinicke, el inventor del método oral para la enseñanza de los sordomudos, como una consecuencia filosófica. Hablaba de una « concatenación dinámica de las ideas », frase cuya profunda claridad honraría a más de un psicólogo contemporáneo.
Yzur se encontraba, respecto al lenguaje, en la misma situación del niño que antes de hablar entiende ya muchas palabras ; pero era mucho más apto para asociar los juicios que debía poseer sobre las cosas, por su mayor experiencia de la vida.
Estos juicios, que no debían ser sólo de impresión, sino también inquisitivos[10] y disquisitivos[11], a juzgar por el carácter diferencial que asumían, lo cual supone un raciocinio abstracto, le daban un grado superior de inteligencia muy favorable por cierto a mi propósito.
Si mis teorías parecen demasiado audaces, basta con reflexionar que el silogismo, o sea, el argumento lógico fundamental, no es extraño a la mente de muchos animales. Como que el silogismo es originariamente

10. *inquisitivos* : perteneciente a la indagación.
11. *disquisitivos* : de disquisición : examen riguroso que se hace de alguna cosa.

una comparación entre dos sensaciones. Si no, ¿ por qué los animales que conocen al hombre huyen de él, y no aquellos que nunca lo conocieron... ?

Comencé, entonces, la educación fonética de Yzur.

Tratábase de enseñarle primero la palabra mecánica, para llevarlo progresivamente a la palabra sensata.

Poseyendo el mono la voz, es decir, llevando esto de ventaja al sordomudo, con más ciertas articulaciones rudimentarias, tratábase de enseñarle las modificaciones de aquélla, que constituyen los fonemas y su articulación, llamada por los maestros estática o dinámica, según que se refiere a las vocales o a las consonantes.

Dada la glotonería del mono, y siguiendo en esto un método empleado por Heinicke con los sordomudos, decidí asociar cada vocal con una golosina : *a* con papa ; *e* con leche ; *i* con vino ; *o* con coco ; *u* con azúcar, haciendo de modo que la vocal estuviese contenida en el nombre de la golosina, ora con dominio único y repetido como en *papa, coco, leche,* ora reuniendo los dos acentos, tónico y prosódico, es decir, como sonido fundamental : *vino, azúcar.*

Todo anduvo bien mientras se trató de las vocales, o sea, los sonidos que se forman con la boca abierta. Yzur los aprendió en quince días. La *u* fue lo que más le costó pronunciar.

Las consonantes diéronme un trabajo endemoniado ; y a poco hube de comprender que nunca llegaría a pronunciar aquellas en cuya formación entran los dientes y las encías. Sus largos colmillos le estorbaban enteramente.

El vocabulario quedaba reducido, entonces, a las cinco vocales ; la b, la k, la m, la g, la f y la c, es decir, todas aquellas consonantes en cuya formación no intervienen sino el paladar y la lengua.

Aun para esto no me bastó el oído. Hube de recurrir al tacto como un sordomudo, apoyando su mano en mi pecho y luego en el suyo para que sintiera las vibraciones del sonido.

Y pasaron tres años sin conseguir que formara palabra alguna. Tendía a dar a las cosas, como nombre propio, el de la letra cuyo sonido predominaba en ellas. Esto era todo.

En el circo había aprendido a ladrar, como los perros, sus compañeros de tareas ; y cuando me veía desesperar ante las vanas tentativas para arrancarle la palabra, ladraba fuertemente como dándome todo lo que sabía. Pronunciaba aisladamente las vocales y consonantes, pero no podía asociarlas. Cuando más, acertaba con una repetición vertiginosa de *pes* y de *emes.*

Por despacio que fuera, se había operado un gran cambio en su carácter. Tenía menos movilidad en las facciones, la mirada más profunda, y adoptaba posturas meditabundas. Había adquirido, por ejemplo, la costumbre de contemplar las estrellas. Su sensibilidad se desarrollaba igualmente ; íbasele notando una gran facilidad de lágrimas.

Las lecciones continuaban con inquebrantable tesón, aunque sin mayor éxito. Aquello había llegado a convertirse en una obsesión dolorosa, y poco a poco sentíame inclinado a emplear la fuerza. Mi carácter iba agriándose con el fracaso, hasta asumir una sorda animosidad contra Yzur. Éste se intelectualizaba más, en el fondo de su mutismo rebelde, y empezaba a convencerme de que nunca lo sacaría de allí, cuando supe de golpe que no hablaba porque no quería.

El cocinero, horrorizado, vino a decirme una noche que había sorprendido al mono « hablando verdaderas palabras ». Estaba, según su narración, acurrucado junto a una higuera de la huerta ; pero el terror le impedía recordar lo esencial de esto, es decir, las palabras. Sólo creía retener dos : *cama* y *pipa.* Casi le doy de puntapiés por su imbecilidad.

No necesito decir que pasé la noche poseído de una gran emoción ; y lo que en tres años no había cometido, el error que todo lo echó a perder, provino del enervamiento de aquel desvelo, tanto como de mi excesiva curiosidad.

En vez de dejar que el mono llegara naturalmente a la manifestación del lenguaje, llamélo al día siguiente y procuré imponérsela por obediencia.

No conseguí sino las *pes* y las *emes* con que me tenía harto, las guiñadas hipócritas y — Dios me perdone — una cierta vislumbre de ironía en la azogada ubicuidad de sus muecas.

Me encolericé, y sin consideración alguna le di de azotes. Lo único que logré fue su llanto y un silencio absoluto que excluía hasta los gemidos.

A los tres días cayó enfermo, en una especie de sombría demencia complicada con síntomas de meningitis. Sanguijuelas, afusiones frías, purgantes, revulsivos cutáneos, alcoholaturo de briona, bromuro : toda la terapéutica del espantoso mal le fue aplicada. Luché con desesperado

brío, a impulsos de un remordimiento y de un temor. Aquél por creer a la bestia una víctima de mi crueldad ; éste por la suerte del secreto que quizá se llevaba a la tumba.
Mejoró al cabo de mucho tiempo, quedando, no obstante, tan débil, que no podía moverse de la cama. La proximidad de la muerte habíalo ennoblecido y humanizado.
Sus ojos, llenos de gratitud, no se separaban de mí, siguiéndome por toda la habitación como dos bolas giratorias, aunque estuviese detrás de él ; su mano buscaba las mías en una intimidad de convalecencia. En mi gran soledad, iba adquiriendo rápidamente la importancia de una persona.
El demonio del análisis, que no es sino una forma del espíritu de perversidad, impulsábame, sin embargo, a renovar mis experiencias. En realidad, el mono había hablado. Aquello no podía quedar así.
Comencé muy despacio, pidiéndole las letras que sabía pronunciar. ¡ Nada ! Dejélo solo durante horas, espiándolo por un agujerillo del tabique. ¡ Nada ! Habléle con oraciones breves, procurando tocar su fidelidad o su glotonería. ¡ Nada ! Cuando aquéllas eran patéticas, los ojos se le hinchaban de llanto. Cuando le decía una frase habitual, como el « yo soy tu amo » con que empezaba todas mis lecciones, o el « tú eres mi mono » con que completaba mi anterior afirmación, para llevar a su espíritu la certidumbre de una verdad total, él asentía cerrando los párpados ; pero no producía un sonido, ni siquiera llegaba a mover los labios.
Había vuelto a la gesticulación como único medio de comunicarse conmigo ; y este detalle, unido a sus analogías con los sordomudos, redoblaba mis precauciones, pues nadie ignora la gran predisposición de estos últimos a las enfermedades mentales. Por momentos deseaba que se volviera loco, a ver si el delirio rompía al fin su silencio.
Su convalecencia seguía estacionaria. La misma flacura, la misma tristeza. Era evidente que estaba enfermo de inteligencia y de dolor. Su unidad orgánica habíase roto al impulso de una cerebración anormal, y día más, día menos, aquel era caso perdido.
Mas, a pesar de la mansedumbre que el progreso de la enfermedad aumentaba en él, su silencio, aquel desesperante silencio provocado por mi exasperación, no cedía. Desde un oscuro fondo de tradición

petrificada en instinto, la raza imponía su milenario mutismo al animal, fortaleciéndose de voluntad atávica en las raíces mismas de su ser. Los antiguos hombres de la selva, que forzó al silencio, es decir, al suicidio intelectual, quién sabe qué bárbara injusticia, mantenían su secreto formado por misterios de bosque y abismos de prehistoria, en aquella decisión ya inconsciente, pero formidable con la inmensidad de su tiempo.

Infortunios del antropoide retrasado en la evolución cuya delantera tomaba el humano con un despotismo de sombría barbarie, habían, sin duda, destronado a las grandes familias cuadrumanas del dominio arbóreo de sus primitivos edenes, raleando sus filas, cautivando sus hembras para organizar la esclavitud desde el propio vientre materno, hasta infundir a su impotencia de vencidas el acto de dignidad mortal que las llevaba a romper con el enemigo el vínculo superior también, pero infausto de la palabra, refugiándose como salvación suprema en la noche de la animalidad.

Y qué horrores, qué estupendas sevicias no habrían cometido los vencedores con la semibestia en trance de evolución, para que ésta, después de haber gustado el encanto intelectual que es el fruto paradisíaco de las biblias, se resignara a aquella claudicación de su estirpe en la degradante igualdad de los inferiores ; a aquel retroceso que cristalizaba por siempre su inteligencia en los gestos de un automatismo de acróbata ; a aquella gran cobardía de la vida que encorvaría eternamente, como en distintivo bestial, sus espaldas de dominado, imprimiéndole ese melancólico azoramiento que permanece en el fondo de su caricatura.

He aquí lo que al borde mismo del éxito había despertado mi malhumor en el fondo del limbo atávico. A través del millón de años, la palabra, con su conjuro, removía la antigua alma simiana ; pero contra esa tentación que iba a violar las tinieblas de la animalidad protectora, la memoria ancestral, difundida en la especie bajo un instintivo horror, oponía también edad sobre edad como una muralla.

Yzur entró en agonía sin perder el conocimiento. Una dulce agonía a ojos cerrados, con respiración débil, pulso vago, quietud absoluta, que sólo interrumpía para volver de cuando en cuando hacia mí, con una desgarradora expresión de eternidad, su cara de viejo mulato triste. Y la

última tarde, la tarde de su muerte, fue cuando ocurrió la cosa extraordinaria que me ha decidido a emprender esta narración.
Habíame dormitado a su cabecera, vencido por el calor y la quietud del crepúsculo que empezaba, cuando sentí de pronto que me asían por la muñeca.
Desperté sobresaltado. El mono, con los ojos muy abiertos, se moría definitivamente aquella vez, y su expresión era tan humana, que me infundió horror ; pero su mano, sus ojos, me atraían con tanta elocuencia hacia él, que hube de inclinarme inmediato a su rostro ; y entonces, con su último suspiro, el último suspiro que coronaba y desvanecía a la vez mi esperanza, brotaron — estoy seguro —, brotaron en un murmullo (¿ cómo explicar el tono de una voz que ha permanecido sin hablar diez mil siglos ?) estas palabras cuya humanidad reconciliaba las especies :
— AMO, AGUA, AMO, MI AMO...

Leopoldo Lugones, « Yzur » (1906) in *Cuentos fantásticos,* Castalia, 1988, D.R.

COMMENTAIRE

Estructura

El relato comprende tres partes bien definidas : a) la argumentación « científica » del narrador (teoría), b) sus experimentaciones sobre el animal (praxis), c) los resultados de dichas experimentaciones. Al mismo tiempo, y a través de la lenta transformación del simio (bestialidad → humanidad), la acción se desplaza de lo real a lo irreal.

• *El principio (líneas 1-73)*
Yzur presenta los signos de un chimpancé normal y se comporta según las características afines a su especie. Tanto el hombre como el animal se mantienen dentro de un mundo verosímil.

• *El medio (líneas 74-169)*
Los métodos experimentales del narrador, basados en « la gimnasia de los labios » y en intensos ejercicios fonéticos, irán produciendo un

cambio en el comportamiento de Yzur : asociación de la idea y el gesto (« sabía sacar la lengua para burlar »), pronunciación de las vocales y ciertas consonantes. El lector se encuentra así ante un fenómeno que, bajo las apariencias de realidad, resulta totalmente inverosímil.

• *El fin (líneas 170-275)*
Tras una secuencia que se puede calificar de « prehistoria-ficción » (relación entre antropoides y humanos imaginada por el narrador), el fenómeno fantástico, ya latente en la segunda parte y presente en la tercera mediante la insólita humanización del animal, se desarrolla plenamente con la súplica humana de Yzur.

Organización temática
La trama del relato se organiza en un principio según dos planos : a) análisis inductivo* y experimentación, b) cualidades y aptitudes de Yzur como objeto de la praxis. Así, el narrador-personaje intenta constituir una argumentación teórica convincente a fin de que sus experiencias sean consideradas como reales y admisibles por parte del lector. Para ello se apoya en una serie de postulados, analogías y demostraciones que se pueden clasificar de la manera siguiente :

Postulados :

1. « los naturales de Java atribuían la falta de lenguaje en los monos a la abstención, no a la incapacidad ». Lugones se refiere aquí a un mito extremo oriental que ve en el orangután un ser demasiado sabio e inteligente como para que se atreva a articular una palabra.

2. « los monos fueron hombres que por una u otra razón dejaron de hablar ». Esta idea se apoya en la teoría regresiva, y no evolutiva, que Helena Blavatsky formula en su *Glosario teosófico* y según la cual el hombre no desciende del mono sino que el mono es un hombre degenerado. Una idea similar aparece algunos párrafos más adelante : « la convicción en una humanidad detenida se vigorizaba en mí. ». Estos postulados lo llevan a colegir en dos ocasiones que « no hay ninguna razón científica para que el mono no hable ».

Las experiencias del narrador se apoyan igualmente en los fundamentos teóricos de Heinicke « concatenación dinámica de las ideas » y en la estructura del silogismo* : « el argumento lógico fundamental (que) no es extraño a la mente de muchos animales ».

Analogías :

Para el narrador-personaje, el cerebro del idiota (como el del mono) « es también rudimentario, a pesar de lo cual hay cretinos que pronuncian algunas palabras ». Los monos y los sordomudos presentan igualmente ciertas semejanzas : « extraordinaria movilidad mímica », « diligencia en el trabajo », « fidelidad », etc.

Demostraciones :

La primera y segunda parte se componen asimismo de una serie de isotopías* léxicas y gramaticales (comparativos y superlativos) que intentan demostrar de manera « verosímil » las aptitudes de Yzur respecto a un eventual aprendizaje lingüístico : « animal notable », « el chimpancé (...) es entre los monos el mejor provisto de cerebro y uno de los más dóciles », « atención comparativamente más desarrollada que en el niño », « un sujeto pedagógico de los más favorables », « es de todos los monos el que tiene labios más móviles », « era mucho más apto para asociar los juicios », « muy favorable por cierto a mi propósito ».

Hay que señalar asimismo la presencia de un campo semántico* compuesto de manera casi obsesiva en torno a la idea de « lenguaje » — término que el narrador emplea nueve veces —. Vocablos y verbos tales como : « palabras », « órganos de fonación », « hablar », « articular », « pronunciar », atraviesan el primer segmento del texto y dan lugar, en el segundo, a una serie de sustantivos recurrentes como « labios », « lengua », « boca », « vocales », « consonantes ». Se puede decir que el discurso « lógico » y « coherente » del narrador se desplaza de lo abstracto a lo concreto con el fin de mantener al lector en un universo aparentemente real.

En la última secuencia de la segunda parte, el narrador, tras la transformación afectiva de Yzur, retoma el postulado de los naturales de Java y afirma que el mono « no hablaba porque no quería », actitud que deja intuir el advenimiento progresivo del fenómeno fantástico.

La tercera parte se caracteriza por una doble metamorfosis : el narrador se bestializa y el mono se humaniza. Los términos « fuerza », « animosidad », « puntapiés », « azotes », « ironía », « llanto » e « inteligencia » **connotan** respectivamente el comportamiento de los personajes. Al mismo tiempo, y en contraste con las partes anteriores, el vocablo « silencio » (empleado seis veces) predomina en la narración. De esa forma, Lugones logra infundir a las palabras sobrenaturales de Yzur un máximo de efecto « realista ».

Características del relato

Como en muchos de sus cuentos, Lugones intenta con « Yzur » una síntesis entre ciencia, mito y teosofía para materializar conceptos sobrenaturales. De ahí que tanto el discurso como los hechos alternen entre realidad e irrealidad, sobre todo a partir de los experimentos morfológicos que se llevan a cabo con el simio. En este sentido, el relato, compuesto de ingredientes mitológicos y científicos se sitúa en los límites del género fantástico tradicional y la ciencia ficción.

Narrado en primera persona del singular, « Yzur » puede clasificarse en una de las categorías establecidas por Todorov. En efecto, el sujeto « yo » aparece en estrecha relación con el tema de la metamorfosis. Al mismo tiempo, el papel que desempeña el narrador-personaje se opone a las ideas de Joël Malrieu (véase Définitions). En « Yzur » el fenómeno fantástico no representa para el personaje una contradicción con su manera de pensar. La transformación del mono en un ser parlante concuerda, al contrario, con sus teorías e intenciones. Al respecto, Pedro Barcia alega — olvidando acaso que el personaje asevera haber oído hablar al mono — que el hecho insólito puede ser el producto de una alucinación, de modo que la historia encerraría, como en el caso de muchas narraciones y según la definición de Todorov, una ambigüedad que sólo el lector puede resolver[12].

Por otra parte, cabe notar que la característica más sobresaliente de « Yzur » reside en el hecho de que la humanización del simio invierte la mayoría de los arquetipos de la literatura fantástica. El lobizón u

12. Pedro Barcia in Rubén Darío, *Cuentos fantásticos*, Castalia, 1988, p. 35.

hombre-lobo, el vampiro y la mujer-araña, por ejemplo, representan la animalización, a menudo degradante, del ser humano[13], mientras que Yzur aparece como un ser inteligente, sensible y contemplativo. Existe, sin embargo, una semejanza con la obra de Wells, *L'Île du docteur Moreau* (1896), donde se trata de humanizar a los animales por medio de intervenciones quirúrgicas.

Fantástico y realidad

Más allá de su valor estético y particularidad temática, « Yzur » podría considerarse como una alegoría* o metáfora de las ideas político-filosóficas que defendía Lugones hacia 1906. El escritor era miembro de la masonería argentina y había adherido a los ideales socialistas de la época. Así, la relación hombre-animal, de la cual derivan los binomios humanización/bestialización, obediencia/sumisión, trabajo/silencio, consta por lo menos de dos significados. El primero corresponde al interés de Lugones por la ambigüedad de la condición humana (maldad/bondad). El segundo significado tiene connotaciones* ideológicas. Éstas pueden resumirse en una denuncia de las desigualdades sociales y de la explotación « bestial » del hombre por el hombre, es decir una denuncia de la dialéctica amo-esclavo tal como lo explicita el narrador en la última parte del cuento.

3. Horacio Quiroga

Horacio Quiroga est né à Salto (Uruguay) le 31 décembre 1878. À partir de 1910, il s'installe dans la zone sous-tropicale du nord-est argentin (province de Misiones), zone qu'il découvre pour la première fois en 1903 avec l'écrivain Leopoldo Lugones, et qui sera une des principales sources de sa narrative.

Précurseur du conte hispano-américain contemporain, son œuvre, composée essentiellement de récits brefs, est vaste et thématiquement variée quoique toujours guidée par l'obsession de la mort. Son premier

13. Voir Francis Berthelot, *La Métamorphose généralisée*, Nathan, 1993.

recueil de nouvelles voit le jour en 1917 sous le titre *Cuentos de amor de locura y de muerte* ; suivent, entre autres, *El Salvaje* et *Cuentos de la selva*, tous deux publiés en 1919, *Anaconda* (1921), *El Desierto* (1924), *Más allá* (1935).

Ses premiers récits fantastiques portent la marque de Lugones. Ainsi, des textes comme « El mono ahorcado » (1907), « El mono que asesinó » (1909) et « El hombre artificial » (1917), nouvelle version du *Frankenstein* de Mary Godwin Shelley (1797-1851) s'inspirent des sujets préférés de l'écrivain argentin. Plus tard, Quiroga s'inspirera également des nouvelles découvertes techniques (le cinéma ou la photographie) pour construire ses histoires. Dans des récits tels que « El retrato » (1910), « El espectro » et « El vampiro » (1927), titres qui évoquent, par ailleurs, des thèmes traditionnels du roman gothique* anglais, l'auteur crée un univers fantastique proche de la science-fiction.

D'autres textes, que l'on peut inscrire dans la ligne d'Edgar Poe, appartiennent au domaine de l'étrange. « El almohadón de pluma » (1907), l'un des plus connus et souvent analysé par la critique, en est le meilleur exemple.

Influencé aussi par l'écrivain anglais Rudyard Kipling (1865-1936), Quiroga fait parler les animaux de la forêt et décrit la réalité à travers leur « propre » vision.

La nouvelle « La insolación » a été publiée pour la première fois en 1908 dans la revue argentine *Caras y Caretas* et intégrée plus tard dans *Cuentos de amor de locura y de muerte*. De même que Leopoldo Lugones, Horacio Quiroga s'est suicidé en prenant du cyanure le 18 février 1937.

LA INSOLACIÓN

El cachorro Old salió por la puerta y atravesó el patio con paso recto y perezoso. Se detuvo en la linde del pasto, estiró al monte, entrecerrando los ojos, la nariz vibrátil, y se sentó tranquilo. Veía la monótona llanura del Chaco, con sus alternativas de campo y monte, monte y campo, sin más color que el crema del pasto y el negro del monte. Éste cerraba el horizonte, a doscientos metros, por tres lados de la chacra[14]. Hacia el

14. *chacra* : finca rústica pequeña. Granja.

oeste, el campo se ensanchaba y extendía en abra, pero que la ineludible línea sombría enmarcaba a lo lejos.
A esa hora temprana, el confín, ofuscante de luz a mediodía, adquiría reposada nitidez. No había una nube ni un soplo de viento. Bajo la calma del cielo plateado, el campo emanaba tónica frescura que traía al alma pensativa, ante la certeza de otro día de seca, melancolías de mejor compensado trabajo.
Milk, el padre del cachorro, cruzó a su vez el patio y se sentó al lado de aquél, con perezoso quejido de bienestar. Ambos permanecían inmóviles, pues aún no había moscas.
Old, que miraba hacía rato la vera del monte, observó :
— La mañana es fresca.
Milk siguió la mirada del cachorro y quedó con la vista fija, parpadeando distraído. Después de un rato dijo :
— En aquel árbol hay dos halcones.
Volvieron la vista indiferente a un buey que pasaba, y continuaron mirando por costumbre las cosas.
Entretanto, el oriente comenzaba a empurpurarse en abanico, y el horizonte había perdido ya su matinal precisión. Milk cruzó las patas delanteras y al hacerlo sintió leve dolor. Miró sus dedos sin moverse, decidiéndose por fin a olfatearlos. El día anterior se había sacado un pique[15], y en recuerdo de lo que había sufrido lamió extensamente el dedo enfermo.
— No podía caminar — exclamó, en conclusión.
Old no comprendió a qué se refería, Milk agregó :
— Hay muchos piques.
Esta vez el cachorro comprendió. Y repuso por su cuenta, después de largo rato :
— Hay muchos piques.
Uno y otro callaron de nuevo, convencidos.
El sol salió ; y en el primer baño de su luz, las pavas del monte lanzaron al aire puro el tumultuoso trompeteo de su charanga. Los perros, dorados al sol oblicuo, entornaron los ojos, dulcificando su molicie en beato pestañeo. Poco a poco la pareja aumentó con la llegada de los otros

---

15. *pique* : insecto semejante a la pulga : nigua.

compañeros : Dick, el taciturno preferido ; Prince, cuyo labio superior partido por un coatí[16], dejaba ver los dientes ; e Isondú, de nombre indígena. Los cinco fox-terriers, tendidos y beatos de bienestar, durmieron.

Al cabo de una hora irguieron la cabeza ; por el lado opuesto del bizarro rancho de dos pisos — el inferior de barro y el alto de madera, con corredores y baranda de chalet —, habían sentido los pasos de su dueño que bajaba la escalera. Míster Jones, la toalla al hombro, se detuvo un momento en la esquina del rancho y miró el sol, alto ya. Tenía aún la mirada muerta y el labio pendiente tras su solitaria velada de whisky, más prolongada que las habituales.

Mientras se lavaba, los perros se acercaron y le olfatearon las botas, meneando con pereza el rabo. Como las fieras amaestradas, los perros conocen el menor indicio de borrachera en su amo. Alejáronse con lentitud a echarse de nuevo al sol. Pero el calor creciente les hizo presto abandonar aquél, por la sombra de los corredores.

El día avanzaba igual a los precedentes de todo ese mes ; seco, límpido, con catorce horas de sol calcinante que parecía mantener el cielo en fusión, y que en un instante resquebrajaba la tierra mojada en costras blanquecinas. Míster Jones fue a la chacra, miró el trabajo del día anterior y retornó al rancho. En toda esa mañana no hizo nada. Almorzó y subió a dormir la siesta.

Los peones volvieron a las dos a la carpición[17], no obstante la hora de fuego, pues los yuyos[18] no dejaban el algodonal. Tras ellos fueron los perros, muy amigos del cultivo desde el invierno pasado, cuando aprendieron a disputar a los halcones los gusanos blancos que levantaba el arado. Cada perro se echó bajo un algodonero, acompañando con su jadeo los golpes sordos de la azada.

Entretanto el calor crecía. En el paisaje silencioso y enceguecente de sol, el aire vibraba a todos lados, dañando la vista. La tierra removida

16. *coatí* : animal plantígrado americano, de piel color pardo grisácea, con la cola negra y con anillos blancos.
17. *carpición* : sitio donde se guardan las carpidoras, máquinas utilizadas para arrancar (carpir) las hierbas nocivas de los sembrados.
18. *yuyos* : hierbajo, maleza.

exhalaba vaho de horno, que los peones soportaban sobre la cabeza, envuelta hasta las orejas en el flotante pañuelo, con el mutismo de sus trabajos de chacra. Los perros cambiaban a cada rato de planta, en procura de más fresca sombra. Tendíanse a lo largo, pero la fatiga los obligaba a sentarse sobre las patas traseras para respirar mejor.

Reverberaba ahora delante de ellos un pequeño páramo de greda[19] que ni siquiera se había intentado arar. Allí, el cachorro vio de pronto a míster Jones sentado sobre un tronco, que lo miraba fijamente. Old se puso en pie meneando el rabo. Los otros levantáronse también, pero erizados.

— Es el patrón — dijo el cachorro, sorprendido de la actitud de aquéllos.

— No, no es él — replicó Dick.

Los cuatro perros estaban apiñados gruñendo sordamente, sin apartar los ojos de míster Jones, que continuaba inmóvil, mirándolos. El cachorro, incrédulo, fue a avanzar, pero Prince le mostró los dientes :

— No es él, es la Muerte.

El cachorro se erizó de miedo y retrocedió al grupo.

— ¿ Es el patrón muerto ? — preguntó ansiosamente.

Los otros, sin responderle, rompieron a ladrar con furia, siempre en actitud temerosa. Pero míster Jones se desvanecía ya en el aire ondulante.

Al oír ladridos, los peones habían levantado la vista, sin distinguir nada. Giraron la cabeza para ver si había entrado algún caballo en la chacra, y se doblaron de nuevo.

Los fox-terriers volvieron al paso al rancho. El cachorro, erizado aún, se adelantaba y retrocedía con cortos trotes nerviosos, y supo de la experiencia de sus compañeros que cuando una cosa va a morir, aparece antes.

— ¿ Y cómo saben que ese que vimos no era el patrón vivo ? — preguntó.

— Porque no era él — le respondieron displicentes.

¡ Luego la Muerte, y con ella el cambio de dueño, las miserias, las patadas, estaba sobre ellos ! Pasaron el resto de la tarde al lado de su patrón, sombríos y alerta. Al menor ruido gruñían, sin saber hacia dónde.

---

19. *greda* : arcilla arenosa de color blanco azulado.

Por fin el sol se hundió tras el negro palmar del arroyo, y en la calma de la noche plateada, los perros se estacionaron alrededor del rancho, en cuyo piso alto míster Jones recomenzaba su velada de whisky. A medianoche oyeron sus pasos, luego la caída de la botas en el piso de tablas, y la luz se apagó. Los perros, entonces, sintieron más el próximo cambio de dueño, y solos, al pie de la casa dormida, comenzaron a llorar. Lloraban en coro, volcando sus sollozos convulsivos y secos, como masticados, en un aullido de desolación, que la voz cazadora de Prince sostenía, mientras los otros tomaban el sollozo de nuevo. El cachorro sólo podía ladrar. La noche avanzaba, y los cuatro perros de edad, agrupados a la luz de la luna, el hocico extendido e hinchado de lamentos — bien alimentados y acariciados por el dueño que iban a perder —, continuaban llorando a lo alto su doméstica miseria.

A la mañana siguiente míster Jones fue él mismo a buscar las mulas y las unció a la carpidora, trabajando hasta las nueve. No estaba satisfecho, sin embargo. Fuera de que la tierra no había sido nunca bien rastreada, las cuchillas no tenían filo, y con el paso rápido de las mulas, la carpidora saltaba. Volvió con ésta y afiló sus rejas ; pero un tornillo en que ya al comprar la máquina había notado una falla, se rompió al armarla. Mandó un peón al obraje próximo, recomendándole cuidara del caballo, un buen animal pero asoleado[20]. Alzó la cabeza al sol fundente de mediodía, e insistió en que no galopara ni un momento. Almorzó en seguida y subió. Los perros, que en la mañana no habían dejado un segundo a su patrón, se quedaron en los corredores.

La siesta pesaba, agobiada de luz y silencio. Todo el contorno estaba brumoso por las quemazones. Alrededor del rancho la tierra blanquizca del patio deslumbraba por el sol a plomo, parecía deformarse en trémulo hervor, que adormecía los ojos parpadeantes de los fox-terriers.

— No ha aparecido más — dijo Milk.

Old, al oír *aparecido,* levantó vivamente las orejas. Incitado por la evocación, el cachorro se puso en pie y ladró, buscando a qué. Al rato calló, entregándose con sus compañeros a su defensiva cacería de moscas.

— No vino más — agregó Isondú.

---

20. *asoleado* : sofocado.

— Había una lagartija bajo el raigón[21] — recordó por primera vez Prince.
Una gallina, el pico abierto y las alas apartadas del cuerpo, cruzó el patio incandescente con su pesado trote de calor. Prince la siguió perezosamente con la vista, y saltó de golpe.
— ¡ Viene otra vez ! — gritó.
Por el norte del patio avanzaba solo el caballo en que había ido el peón. Los perros se arquearon sobre las patas, ladrando con furia a la Muerte que se acercaba. El caballo caminaba con la cabeza baja, aparentemente indeciso sobre el rumbo que debía seguir. Al pasar frente al rancho dio unos cuantos pasos en dirección al pozo, y se desvaneció progresivamente en la cruda luz.
Míster Jones bajó ; no tenía sueño. Disponíase a proseguir el montaje de la carpidora, cuando vio llegar inesperadamente al peón a caballo. A pesar de su orden, tenía que haber galopado para volver a esa hora. Apenas libre y concluída su misión, el pobre caballo, en cuyos ijares era imposible contar los latidos, tembló agachando la cabeza, y cayó de costado. Míster Jones mandó a la chacra, todavía de sombrero y rebenque[22], al peón para no echarlo si continuaba oyendo sus jesuíticas disculpas.
Pero los perros estaban contentos. La Muerte, que buscaba a su patrón, se había conformado con el caballo. Sentíanse alegres, libres de preocupación, y en consecuencia disponíanse a ir a la chacra tras el peón, cuando oyeron a míster Jones que le gritaba, pidiéndole el tornillo. No había tornillo : el almacén estaba cerrado, el encargado dormía, etc. Míster Jones, sin replicar, descolgó su casco y salió él mismo en busca del utensilio. Resistía el sol como un peón, y el paseo era maravilloso contra su mal humor.
Los perros salieron con él, pero se detuvieron a la sombra del primer algarrobo ; hacía demasiado calor. Desde allí, firmes en las patas, el ceño contraído y atento, veían alejarse a su patrón. Al fin el temor a la soledad pudo más, y con agobiado trote siguieron tras él.
Míster Jones obtuvo su tornillo y volvió. Para acortar distancia, desde luego, evitando la polvorienta curva del camino, marchó en línea recta a

21. *raigón* : esparto. Planta graminácea.
22. *rebenque* : látigo grueso de jinete.

su chacra. Llegó al riacho y se internó en el pajonal, el diluviano pajonal del Saladito, que ha crecido, secado y retoñado desde que hay paja en el mundo, sin conocer fuego. Las matas, arqueadas en bóveda a la altura del pecho, se entrelazan en bloques macizos. La tarea de cruzarlo, seria ya con día fresco, era muy dura a esa hora. Míster Jones lo atravesó, sin embargo, braceando entre la paja restallante y polvorienta por el barro que dejaban las crecientes, ahogado de fatiga y acres vahos de nitratos.
Salió por fin y se detuvo en la linde ; pero era imposible permanecer quieto bajo ese sol y ese cansancio. Marchó de nuevo. Al calor quemante que crecía sin cesar desde tres días atrás, agregábase ahora el sofocamiento del tiempo descompuesto. El cielo estaba blanco y no se sentía un soplo de viento. El aire faltaba, con angustia cardíaca que no permitía concluir la respiración.
Míster Jones adquirió el convencimiento de que había traspasado su límite de resistencia. Desde hacía rato le golpeaba en los oídos el latido de las carótidas. Sentíase en el aire, como si de dentro de la cabeza le empujaran el cráneo hacia arriba. Se mareaba mirando el pasto. Apresuró la marcha para acabar con eso de una vez... Y de pronto volvió en sí y se halló en distinto paraje : había caminado media cuadra sin darse cuenta de nada. Miró atrás, y la cabeza se le fue en nuevo vértigo.
Entretanto, los perros seguían tras él, trotando con toda la lengua de fuera. A veces, asfixiados, deteníanse en la sombra de un espartillo ; se sentaban precipitando su jadeo, para volver enseguida al tormento del sol. Al fin, como la casa estaba ya próxima, apuraron el trote.
Fue en ese momento cuando Old, que iba adelante, vio tras el alambrado de la chacra a míster Jones, vestido de blanco, que caminaba hacia ellos. El cachorro, con súbito recuerdo, volvió la cabeza a su patrón y confrontó.
— ¡ La Muerte, la Muerte ! — aulló.
Los otros lo habían visto también, y ladraban erizados. Vieron que míster Jones atravesaba el alambrado, y por un instante creyeron que se iba a equivocar ; pero al llegar a cien metros se detuvo, miró el grupo con sus ojos celestes, y marchó adelante.
— ¡ Qué no camine ligero el patrón ! — exclamó Prince.
— ¡ Va a tropezar con él ! — aullaron todos.
En efecto, el otro, tras breve hesitación, había avanzado, pero no

directamente sobre ellos como antes, sino en línea oblicua y en apariencia errónea, pero que debía llevarlo justo al encuentro de míster Jones. Los perros comprendieron que esta vez todo concluía, porque su patrón continuaba caminando a igual paso, como un autómata, sin darse cuenta de nada. El otro llegaba ya. Los perros hundieron el rabo y corrieron de costado, aullando. Pasó un segundo, y el encuentro se produjo. Míster Jones se detuvo, giró sobre sí mismo y se desplomó.

Los peones, que lo vieron caer, lo llevaron a prisa al rancho, pero fue inútil toda el agua ; murió sin volver en sí. Míster Moore, su hermano materno, fue allá desde Buenos Aires, estuvo una hora en la chacra, y en cuatro días liquidó todo, volviéndose en seguida al sur. Los indios se repartieron los perros, que vivieron en adelante flacos y sarnosos, e iban todas las noches con hambriento sigilo a robar espigas de maíz en las chacras ajenas.

Horacio Quiroga, « La insolación » in *Cuentos de amor de locura* y *de muerte* (1917).
Todos los cuentos, Colección Archivos, 1993, D.R.

COMMENTAIRE

Estructura

En « La insolación », el contacto del mundo real con el mundo irreal se efectúa a través de los cinco fox-terriers, ellos mismos protagonistas de índole sobrenatural. La triple y sucesiva aparición de la Muerte, de la cual sólo son testigos los perros (y el lector), ocurre dentro de un marco espacial restringido (la chacra) donde predomina la acción lenta, cíclica y cruel de la naturaleza (el sol). La trama se organiza, por lo tanto, mediante una doble **focalización*** de los hechos y según una representación circular del tiempo (un día y medio). Así, las dos mañanas encuadran un mundo específicamente real y las dos tardes un mundo irreal. La noche y los tristes aullidos de los perros dejan vislumbrar la fusión ulterior de ambos universos : el hombre y la Muerte.

• *El principio (líneas 1-104)*

Quiroga elabora la primera parte del relato en torno a tres planos que se suceden de la manera siguiente : a) plano real (descripción del Chaco argentino), b) plano maravilloso (perros que hablan), c) plano real (descripción del rancho, actitudes de míster Jones, labor de los peones), d) plano fantástico-maravilloso (diálogo entre los perros ante la aparición de la Muerte).

• *El medio (líneas 105-117)*
El breve episodio de la noche entrelaza, de manera extraña e inquietante, a los protagonistas principales : míster Jones y los perros. Al mismo tiempo, el « aullido de desolación » de los fox-terriers señala la proximidad de la Muerte. Se puede decir que en esta secuencia los tres planos del principio : real, maravilloso y fantástico, se conjugan de manera implícita, acentuando la tensión y el suspenso.

• *El fin (líneas 118-220)*
El esquema narrativo de la última parte consta de dos secuencias cuyos modos de representación son similares. La primera presenta sucesivamente un plano real (míster Jones-trabajo-máquinas) y un plano fantástico-maravilloso (perros que dialogan y ven a la Muerte transfigurada en caballo). La segunda introduce nuevamente un plano real (salida y regreso de míster Jones) y otro fantástico-maravilloso (exclamaciones y visión de la Muerte por parte de los fox-terriers).

Organización temática
Como lo indica el título, el efecto mortífero del sol sobre los hombres y los animales es, junto con las percepciones y reacciones de los fox-terriers, uno de los principales temas de la narración.

En la primera parte (primer día), Quiroga presenta las diferentes etapas de una jornada en el Noreste argentino. Estas pueden dividirse en tres **secuencias temáticas** en las que el sol y los perros aparecen como los principales motivos* que giran en torno a la aparición de la Muerte :

Sol		Perros		Muerte
1. Amanecer-nitidez	→	Tranquilidad-quejidos	↘	
2. Tarde-opacidad	→	Agitación-ladridos	→	Aparición
3. Noche-oscuridad	→	Convulsión-aullidos	↗	

La hostilidad del sol (término que Horacio Quiroga emplea en doce ocasiones) se manifiesta tras un proceso lento cuyo principal efecto es el « espejismo » de los fox-terriers (espectro de míster Jones). Dicho proceso se estructura de la manera siguiente : sol oblicuo /calor creciente / sol calcinante / cielo en fusión / hora de fuego / vaho de horno / paisaje enceguececiente.

En la segunda parte (segundo día), la acción se centra en la persona de míster Jones y en los efectos del sol. La organización temática de este segmento puede dividirse en dos secuencias que presentan los procesos siguientes :

M. Jones	Sol	Perros	Muerte
1. Trabajo-máquina →	Mediodía-contorno brumoso →	Inquietud Ladridos → Aparición del espectro (caballo) →	Regreso del peón Muerte del caballo
2. Salida al obraje →	Tarde-cielo brumoso →	Terror Aullidos → Aparición del espectro (M. Jones) →	Regreso de M. Jones Muerte de M. Jones

Las relaciones de causa (sol-calor) a efecto (agobio-muerte) aparecen de manera paralela a lo largo de la acción. Para ello, Quiroga recurre a una serie de sustantivos, adjetivos y verbos que se pueden clasificar en dos **isotopías léxicas**. La primera corresponde a la causa : « sol fundente », « sol a plomo », « trémulo hervor », « cruda luz », « demasiado calor », « calor quemante », « sofocamiento », « tormento del sol ». La segunda corresponde a los efectos : « cabeza baja », « agachando la cabeza », « cayó de costado » (caballo) ; « siesta agobiada », « agobiado trote », « lengua afuera », « asfixiados », « jadeo » (perros) ; « ahogado de fatiga », « cansancio », « angustia cardíaca », « vértigo » (míster Jones).

A través de esos procesos, el escritor crea un ambiente en el que la insolación borra poco a poco las fronteras entre lo real y lo irreal. Ambos universos terminan por confundirse en la vida del hombre y en la visión aterrorizada de los fox-terriers.

Características del relato

« La insolación » pertenece en parte a la serie de cuentos en que realidad e irrealidad mantienen un contacto permanente sin que un plano domine sobre el otro. « A la deriva » (1912), « El hombre muerto » (1920), « El hijo » (1928) corresponden a esta categoría. En cuanto a la focalización de la realidad a través de los animales, la obra de Quiroga presenta, como se ha dicho, numerosos ejemplos. Cabe mencionar, entre otros, « Los cazadores de ratas » (1908), « Anaconda » (1921), « El potro salvaje » (1922).

En « La insolación » lo fantástico y lo maravilloso se hallan en un mismo plano, plano que sólo el lector puede percibir, puesto que míster Jones y los peones de la chacra permanecen ajenos a las apariciones y viven sumidos en un implacable mundo real.

Contrariamente a las constantes del género, Quiroga prescinde de una visión subjetiva (y por ende dubitativa) de los fenómenos sobrenaturales. El autor objetiviza las apariciones, acentuando de esa forma la fuerza alucinante y misteriosa de la naturaleza (la realidad). Por otra parte, la representación del espacio como marco de la acción corresponde a uno de los tópicos de la literatura fantástica. Louis Vax explica al respecto : « L'espace fantastique a un centre, château hanté ou lieu maudit [la chacra], d'où paraît rayonner le maléfice. L'espace n'est pas homogène. Diffuse à la périphérie [« el negro del monte », « línea sombría »], l'épouvante se condense au centre. Le fidèle s'approche progressivement du sanctuaire. Le héros victime d'une aventure fantastique [míster Jones] traverse des zones de plus en plus épaisses de maléfice [« pajonal », « matas arqueadas en bóveda », « paja restallante y polvorienta »][23]. »

No obstante, el género fantástico suele insistir en la representación de un espacio nocturno u oscuro, espacio propicio a la irrupción de fenó-

23. Louis Vax, *La Séduction de l'étrange*, op. cit., p. 197.

menos extraordinarios. Basta recordar « La chute de la Maison Husher » (1839), d'Edgar Poe, « Le coin plaisant » (1908) de Henry James (1843-1916), « Huitzilopoxtli » de Rubén Darío o « El Aleph » de Borges. En ese aspecto, el texto de Quiroga se aleja de los relatos tradicionales. Sin embargo recurre al color blanco, color emblemático de las apariciones, para representar el espectro de míster Jones. Asimismo, la aparición de la Muerte corresponde a uno de los temas más comunes de la literatura fantástica. Es el caso en « Le spectre de la Mort rouge » (1839) de Poe, en « Le signaleur » (1866) de Charles Dickens (1812-1870), en « El espejo negro » (1898) de Leopoldo Lugones.

En « La insolación » la aparición del espectro blanco desempeña un papel particular, puesto que simboliza el fin de una premonición cuyos signos se encuentran también en la realidad. La calma del « cielo plateado », la « tierra mojada en costras blanquecinas », los « gusanos blancos », el « páramo de greda » (blanquizal), la « noche plateada », la « tierra blanquizca del patio », el « cielo blanco » marcan a lo largo de la acción la presencia y la llegada de la Muerte.

Fantástico y realidad

« La insolación » presenta una serie de hechos directamente relacionados con la vida de Quiroga, y en particular con su primera estancia en el Chaco como cultivador de algodón. En 1904 el escritor se instala a orillas del río Saladito no lejos de la ciudad de Resistencia. Debido a la sequía y a su inexperiencia, la empresa fracasa y Quiroga regresa a Buenos Aires.

El Chaco y Misiones le permiten, sin embargo, conocer un mundo de inmigrantes, de colonos, pioneros y cazadores cuyo modo de vida se resume principalmente en una lucha constante contra la hostilidad del medio. Quiroga describe a menudo ese mundo en cuentos de índole realista como « El desierto » (1923), « La miel silvestre » (1911) o « Los inmigrantes » (1912). En ese sentido, « La insolación » difiere de los relatos anteriores no por el tema sino por la manera de aprehender la realidad. La focalización fantástico-maravillosa que realiza el autor a través de los fox-terriers acentúa aún más la soledad de míster Jones y la crueldad de la naturaleza. La reacción de los perros ante la posible muerte de su dueño muestra que éstos temen sobre todo la miseria y los malos tratos. Si le ladran al espectro es más que nada por propio interés. Al mismo tiempo, la suerte que les depara el destino : flacura, sarna y hambre, deja intuir la existencia de una realidad miserable y desolada en las poblaciones indias de la región.

4. Jorge Luis Borges

Jorge Luis Borges est né à Buenos Aires en 1899 et mort à Genève en 1986. Poète, essayiste, critique littéraire et conteur, son œuvre est aujourd'hui appréciée dans le monde entier. Parmi ses recueils de poésie, citons : *Fervor de Buenos Aires* (1923), *Luna de enfrente* (1925), *El Otro, el mismo* (1964), *Elogio de la sombra* (1969). La pensée originale de l'écrivain argentin s'exprime dans de nombreux articles et essais : *Discusión* (1932), *Historia de la eternidad* (1936), *Otras inquisiciones* (1952), *Textos cautivos* (1986). On trouve ses nouvelles fantastiques les plus remarquables dans *Ficciones* (1944), *El Aleph* (1949), *El Informe de Brodie* (1970) et *El Libro de arena* (1975).

Les fictions borgésiennes interrogent aussi bien la réalité du moi que celle de Dieu et de l'univers. Mais, profondément agnostique*, il considère les constructions intellectuelles de la philosophie et de la théologie comme des rêves dignes de la littérature fantastique. C'est pourquoi, à travers ses textes, Borges tente souvent de questionner le réel et de matérialiser par l'écriture ses propres fantaisies métaphysiques de même que son angoisse existentielle.

Dans les créations de Borges alternent des thèmes tels que le labyrinthe, le double, l'éternité, la mémoire, les miroirs, les livres et l'infini. Il s'intéresse également aux figures mythiques du gaucho et du *compadrito*[24] ainsi qu'aux problèmes socio-culturels et historiques de l'Argentine. Comme Leopoldo Lugones, il introduit des personnages réels à l'intérieur de ses fictions ou, au

24. Individu des faubourgs de Buenos Aires caractérisé par le culte du couteau, du courage et de l'honneur. Aujourd'hui, il n'est qu'un personnage du passé.

contraire, il donne pour réels des personnages fictifs ou des œuvres inexistantes. C'est le cas, entre autres, dans « Tlön, Uqbar, Orbis Tertius », « Examen de la obra de Herbert Quain » (*Ficciones*) et dans « El congreso » (*El Libro de arena*). Borges affectionne aussi les mises en abyme* fantastiques : l'œuvre dans l'œuvre, le rêve dans le rêve, la multiplication de l'être dans le temps et dans l'espace. « El milagro secreto » (*Ficciones*) et « El inmortal » (*El Aleph*) instituent ces modes de représentation.

La nouvelle que nous présentons ici a été publiée en février 1953 dans le journal *La Nación* de Buenos Aires ; elle sera incluse en 1956 dans la deuxième édition de *Ficciones*.

EL SUR

El hombre que desembarcó en Buenos Aires en 1871 se llamaba Johannes Dahlmann y era pastor de la iglesia evangélica ; en 1939, uno de sus nietos, Juan Dahlmann, era secretario de una biblioteca municipal en la calle Córdoba y se sentía hondamente argentino. Su abuelo materno había sido aquel Francisco Flores, del 2 de infantería de línea, que murió en la frontera de Buenos Aires, lanceado por indios de Catriel ; en la discordia de sus dos linajes, Juan Dahlmann (tal vez a impulsos de la sangre germánica) eligió el de ese antepasado romántico, o de muerte romántica. Un estuche con el daguerrotipo de un hombre inexpresivo y barbado, una vieja espada, la dicha y el coraje de ciertas músicas, el hábito de estrofas del *Martín Fierro*, los años, el desgano y la soledad, fomentaron ese criollismo algo voluntario, pero nunca ostentoso. A costa de algunas privaciones, Dahlmann había logrado salvar el casco de una estancia en el Sur, que fue de los Flores ; una de las costumbres de su memoria era la imagen de los eucaliptos balsámicos y de la larga casa rosada que alguna vez fue carmesí. Las tareas y acaso la indolencia lo retenían en la ciudad. Verano tras verano se contentaba con la idea abstracta de posesión y con la certidumbre de que su casa estaba esperándolo, en un sitio preciso de la llanura. En los últimos días de febrero de 1939, algo le aconteció.

Ciego a las culpas, el destino puede ser despiadado con las mínimas distracciones. Dahlmann había conseguido, esa tarde, un ejemplar descabalado de las Mil y Una Noches, de Weil ; ávido de examinar ese hallazgo, no esperó que bajara el ascensor y subió con apuro las escaleras ; algo en la oscuridad le rozó la frente ¿ un murciélago, un pájaro ? En la cara de la mujer que le abrió la puerta vio grabado el horror, y la mano que se pasó por la frente salió roja de sangre. La arista de un batiente recién pintado que alguien se olvidó de cerrar le había hecho esa herida. Dahlmann logró dormir, pero a la madrugada estaba despierto y desde aquella hora el sabor de todas las cosas fue atroz. La fiebre lo gastó y las ilustraciones de las Mil y Una Noches sirvieron para decorar pesadillas. Amigos y parientes lo visitaban y con exagerada sonrisa le repetían que lo hallaban muy bien. Dahlmann los oía con una especie de débil estupor y le maravillaba que no supieran que estaba en el infierno. Ocho días pasaron, como ocho siglos. Una tarde, el médico habitual se presentó con un médico nuevo y lo condujeron a un sanatorio de la calle Ecuador, porque era indispensable sacarle una radiografía. Dahlmann, en el coche de plaza que los llevó, pensó que en una habitación que no fuera la suya podría, al fin, dormir. Se sintió feliz y conversador ; en cuanto llegó, lo desvistieron, le raparon la cabeza, lo sujetaron con metales a una camilla, lo iluminaron hasta la ceguera y el vértigo, lo auscultaron y un hombre enmascarado le clavó una aguja en el brazo. Se despertó con náuseas, vendado, en una celda que tenía algo de pozo y, en los días y noches que siguieron a la operación pudo entender que apenas había estado, hasta entonces, en un arrabal del infierno. El hielo no dejaba en su boca el menor rastro de frescura. En esos días, Dahlmann minuciosamente se odió ; odió su identidad, sus necesidades corporales, su humillación, la barba que le erizaba la cara. Sufrió con estoicismo las curaciones, que eran muy dolorosas, pero cuando el cirujano le dijo que había estado a punto de morir de una septicemia, Dahlmann se echó a llorar, condolido de su destino. Las miserias físicas y la incesante previsión de las malas noches no le habían dejado pensar en algo tan abstracto como la muerte. Otro día, el cirujano le dijo que estaba reponiéndose y que, muy pronto, podría ir a convalecer a la estancia[25]. Increíblemente, el día prometido llegó.

A la realidad le gustan las simetrías y los leves anacronismos ; Dahlmann había llegado al sanatorio en un coche de plaza y ahora un coche de

25. *estancia* : finca de campo.

plaza lo llevaba a Constitución. La primera frescura del otoño, después de la opresión del verano, era como un símbolo natural de su destino rescatado de la muerte y la fiebre. La ciudad, a las siete de la mañana, no había perdido ese aire de casa vieja que le infunde la noche ; las calles eran como largos zaguanes, las plazas como patios. Dahlmann la reconocía con felicidad y con un principio de vértigo ; unos segundos antes de que las registraran sus ojos, recordaba las esquinas, las carteleras, las modestas diferencias de Buenos Aires. En la luz amarilla del nuevo día, todas las cosas regresaban a él.

Nadie ignora que el Sur empieza del otro lado de Rivadavia. Dahlmann solía repetir que ello no es una convención y que quien atraviesa esa calle entra en un mundo más antiguo y más firme. Desde el coche buscaba entre la nueva edificación, la ventana de rejas, el llamador, el arco de la puerta, el zaguán, el íntimo patio.

En el *hall* de la estación advirtió que faltaban treinta minutos. Recordó bruscamente que en un café de la calle Brasil (a pocos metros de la casa de Yrigoyen[26]) había un enorme gato que se dejaba acariciar por la gente, como una divinidad desdeñosa. Entró. Ahí estaba el gato, dormido. Pidió una taza de café, la endulzó lentamente, la probó (ese placer le había sido vedado en la clínica) y pensó, mientras alisaba el negro pelaje, que aquel contacto era ilusorio y que estaban como separados por un cristal, porque el hombre vive en el tiempo, en la sucesión, y el mágico animal, en la actualidad, en la eternidad del instante.

A lo largo del penúltimo andén el tren esperaba. Dahlmann recorrió los vagones y dio con uno casi vacío. Acomodó en la red la valija ; cuando los coches arrancaron, la abrió y sacó, tras alguna vacilación, el primer tomo de las Mil y Una Noches. Viajar con este libro, tan vinculado a la historia de su desdicha, era una afirmación de que esa desdicha había sido anulada y un desafío alegre y secreto a las frustradas fuerzas del mal.

A los lados del tren, la ciudad se desgarraba en suburbios ; esta visión y luego la de jardines y quintas demoraron el principio de la lectura. La verdad es que Dahlmann leyó poco ; la montaña de piedra imán y el genio

26. Presidente argentino (1916-1922 y 1928-1930).

que ha jurado matar a su bienhechor eran, quién lo niega, maravillosos, pero no mucho más que la mañana y que el hecho de ser. La felicidad lo distraía de Shahrazad y de sus milagros superfluos ; Dahlmann cerraba el libro y se dejaba simplemente vivir.

El almuerzo (con el caldo servido en *bols* de metal reluciente, como en los ya remotos veraneos de la niñez) fue otro goce tranquilo y agradecido. *Mañana me despertaré en la estancia*, pensaba, y era como si a un tiempo fuera dos hombres : el que avanzaba por el día otoñal y por la geografía de la patria, y el otro, encarcelado en un sanatorio y sujeto a metódicas servidumbres. Vio casas de ladrillo sin revocar, esquinadas y largas, infinitamente mirando pasar los trenes ; vio jinetes en los terrosos caminos ; vio zanjas y lagunas y hacienda[27] ; vio largas nubes luminosas que parecían de mármol, y todas estas cosas eran casuales, como sueños de la llanura. También creyó reconocer árboles y sembrados que no hubiera podido nombrar, porque su directo conocimiento de la campaña era harto inferior a su conocimiento nostálgico y literario.

Alguna vez durmió y en sus sueños estaba el ímpetu del tren. Ya el blanco sol intolerable de las doce del día era el sol amarillo que precede al anochecer y no tardaría en ser rojo. También el coche era distinto ; no era el que fue en Constitución, al dejar el andén : la llanura y las horas lo habían atravesado y transfigurado. Afuera la móvil sombra del vagón se alargaba hacia el horizonte. No turbaban la tierra elemental ni poblaciones ni otros signos humanos. Todo era vasto, pero al mismo tiempo era íntimo y, de alguna manera, secreto. En el campo desaforado, a veces no había otra cosa que un toro. La soledad era perfecta y tal vez hostil, y Dahlmann pudo sospechar que viajaba al pasado y no sólo al Sur. De esa conjetura fantástica lo distrajo el inspector, que, al ver su boleto[28], le advirtió que el tren no lo dejaría en la estación de siempre sino en otra, un poco anterior y apenas conocida por Dahlmann. (El hombre añadió una explicación que Dahlmann no trató de entender ni siquiera de oír, porque el mecanismo de los hechos no le importaba.)

El tren laboriosamente se detuvo, casi en medio del campo. Del otro lado de las vías quedaba la estación, que era poco más que un andén con un

27. *hacienda* : ganado (vacuno).
28. *boleto* : billete de transporte.

cobertizo. Ningún vehículo tenían, pero el jefe opinó que tal vez pudiera conseguir uno en un comercio que le indicó a unas diez, doce, cuadras. Dahlmann aceptó la caminata como una pequeña aventura. Ya se había hundido el sol, pero un esplendor final exaltaba la viva y silenciosa llanura, antes de que la borrara la noche. Menos para no fatigarse que para hacer durar esas cosas, Dahlmann caminaba despacio, aspirando con grave felicidad el olor del trébol.

El almacén[29], alguna vez, había sido punzó, pero los años habían mitigado para su bien ese color violento. Algo en su pobre arquitectura le recordó un grabado en acero, acaso de una vieja edición de *Pablo y Virginia*. Atados al palenque[30] había unos caballos. Dahlmann, adentro, creyó reconocer al patrón ; luego comprendió que lo había engañado su parecido con uno de los empleados del sanatorio. El hombre, oído el caso, dijo que le haría atar la jardinera ; para agregar otro hecho a aquel día y para llenar ese tiempo, Dahlmann resolvió comer en el almacén.

En una mesa comían y bebían ruidosamente unos muchachones, en los que Dahlmann, al principio, no se fijó. En el suelo, apoyado en el mostrador, se acurrucaba, inmóvil como una cosa, un hombre muy viejo. Los muchos años lo habían reducido y pulido como las aguas a una piedra o las generaciones de los hombres a una sentencia. Era oscuro, chico y reseco, y estaba como fuera del tiempo, en una eternidad. Dahlmann registró con satisfacción la vincha[31], el poncho de bayeta, el largo chiripá[32] y la bota de potro y se dijo, rememorando inútiles discusiones con gente de los partidos del Norte o con entrerrianos, que gauchos de ésos ya no quedan más que en el Sur.

Dahlmann se acomodó junto a la ventana. La oscuridad fue quedándose con el campo, pero su olor y sus rumores aún le llegaban entre los barrotes de hierro. El patrón le trajo sardinas y después carne asada ; Dahlmann las empujó con unos vasos de vino tinto. Ocioso, paladeaba el áspero sabor y dejaba errar la mirada por el local, ya un poco soñolienta. La lámpara de kerosén pendía de uno de los tirantes ; los parroquianos de la otra mesa eran tres : dos parecían peones de chacra ;

29. *almacén* : tienda de ultramarinos.
30. *palenque* : estaca destinada a atar caballos.
31. *vincha* : cinta o pañuelo con que se ciñe la cabeza para sujetar el cabello.
32. *chiripá* : pantalón del gaucho.

otro, de rasgos achinados y torpes, bebía con el chambergo puesto. Dahlmann, de pronto, sintió un leve roce en la cara. Junto al vaso ordinario de vidrio turbio, sobre una de las rayas del mantel, había una bolita de miga. Eso era todo, pero alguien se la había tirado.

Los de la otra mesa parecían ajenos a él. Dahlmann, perplejo, decidió que nada había ocurrido y abrió el volumen de las Mil y Una Noches, como para tapar la realidad. Otra bolita lo alcanzó a los pocos minutos, y esta vez los peones se rieron. Dahlmann se dijo que no estaba asustado, pero que sería un disparate que él, un convaleciente, se dejara arrastrar por desconocidos a una pelea confusa. Resolvió salir ; ya estaba de pie cuando el patrón se le acercó y lo exhortó con voz alarmada :

— Señor Dahlmann, no les haga caso a esos mozos, que están medio alegres.

Dahlmann no se extrañó de que el otro, ahora, lo conociera, pero sintió que estas palabras conciliadoras agravaban, de hecho, la situación. Antes, la provocación de los peones era a una cara accidental, casi a nadie ; ahora iba contra él y contra su nombre y lo sabrían los vecinos. Dahlmann hizo a un lado al patrón, se enfrentó con los peones y les preguntó qué andaban buscando.

El compadrito de la cara achinada se paró, tambaleándose. A un paso de Juan Dahlmann, lo injurió a gritos, como si estuviera muy lejos. Jugaba a exagerar su borrachera y esa exageración era una ferocidad y una burla. Entre malas palabras y obscenidades, tiró al aire un largo cuchillo, lo siguió con los ojos, lo barajó, e invitó a Dahlmann a pelear. El patrón objetó con trémula voz que Dahlmann estaba desarmado. En ese punto, algo imprevisible ocurrió.

Desde un rincón, el viejo gaucho extático, en el que Dahlmann vio una cifra del Sur (del Sur que era suyo), le tiró una daga desnuda que vino a caer a sus pies. Era como si el Sur hubiera resuelto que Dahlmann aceptara el duelo. Dahlmann se inclinó a recoger la daga y sintió dos cosas. La primera, que ese acto casi instintivo lo comprometía a pelear. La segunda, que el arma, en su mano torpe, no serviría para defenderlo, sino para justificar que lo mataran. Alguna vez había jugado con un puñal, como todos los hombres, pero su esgrima no pasaba de una noción de que los golpes deben ir hacia arriba y con el filo para adentro. *No hubieran permitido en el sanatorio que me pasaran estas cosas,* pensó.

— Vamos saliendo — dijo el otro.

Salieron, y si en Dahlmann no había esperanza, tampoco había temor. Sintió, al atravesar el umbral, que morir en una pelea a cuchillo, a cielo abierto y acometiendo, hubiera sido una liberación para él, una felicidad y una fiesta, en la primera noche del sanatorio, cuando le clavaron la aguja. Sintió que si él, entonces, hubiera podido elegir o soñar su muerte, ésta es la muerte que hubiera elegido o soñado.

Dahlmann empuña con firmeza el cuchillo, que acaso no sabrá manejar, y sale a la llanura.

Jorge Luis Borges, « El Sur » in *Ficciones* (1956),

COMMENTAIRE

Estructura

En el prólogo de la segunda parte de *Ficciones* (Artificios), Jorge Luis Borges declara que « El Sur » es acaso uno de sus mejores cuentos y que « es posible leerlo como directa narración de hechos novelescos y también de otro modo »[33]. El texto se compone, en efecto, de dos planos : uno que se podría considerar como realista y otro como fantástico. No obstante resulta imposible separarlos completamente, puesto que ambos convergen hacia un mismo simbolismo histórico y social.

La acción consta de tres partes ; cada una de ellas puede dividirse en tres secuencias.

- *El principio (líneas 1-55)*
  1. Breve biografía de Juan Dahlmann
  2. Accidente
  3. Estadía en el sanatorio
- *El medio (líneas 56-131)*
  1. Salida del sanatorio
  2. Viaje en tren
  3. Llegada al Sur

33. Jorge Luis Borges, *Ficciones*, Alianza, 1994, p. 120.

- *El fin (líneas 132-201)*
  1. Entrada en el almacén
  2. Provocación de los muchachones
  3. Enfrentamiento y duelo

Organización temática

En la primera secuencia de la segunda parte, el mismo narrador de la historia señala de manera implícita la organización temática del cuento : « A la realidad — afirma — le gustan las simetrías y los leves anacronismos ». La lectura detenida del texto permite establecer una relación simétrica entre la primera parte y la tercera, como lo muestra el cuadro siguiente :

Primera parte	Tercera parte
Muerte romántica de Francisco Flores	Muerte romántica de Juan Dahlmann
Francisco Flores muere lanceado por indios de Catriel en el Sur	Juan Dahlmann muere apuñalado por un gaucho en el Sur
La casa de Dahlmann es de color carmesí	El almacén « había sido punzó, pero los años habían mitigado para bien ese color violento »
Lectura de *Las Mil y Una Noches.* Accidente.	Lectura de *Las Mil y Una Noches.* Altercado.
Accidente : algo en la oscuridad le rozó la frente	Altercado : sintió un leve roce en en la cara
Sanatorio : « celda que tenía algo de pozo »	Almacén : barrotes de hierro
El gato vive en la eternidad del instante	El gaucho del almacén « estaba como fuera del tiempo, en una eternidad »

Más allá de esta doble simetría del texto, simetría que encierra una « tematización » de la escritura (la sustancia de la forma se encuentra estrechamente ligada a la sustancia del contenido (véase Características del relato), Borges distribuye a lo largo de la trama una serie de indicios que hacen que los hechos puedan interpretarse como irreales :

1. « Ahí estaba el gato, dormido [...] y pensó, mientras alisaba el negro pelaje, que aquel contacto era ilusorio y que estaban como separados por un cristal ».

2. « Era como si a un tiempo fuera dos hombres : el que avanzaba por el día otoñal [...], y el otro, encarcelado en un sanatorio ».

3. « Y todas estas cosas eran casuales, como sueños de la llanura ».

4. « Creyó reconocer al patrón ; luego comprendió que lo había engañado su parecido con uno de los empleados del sanatorio ».

5. « No me hubieran permitido en el sanatorio que me pasaran estas cosas ».

6. « Sintió, al atravesar el umbral, que morir en una pelea a cuchillo [...] hubiera sido una liberación para él [...], en la primera noche del sanatorio, cuando le clavaron la aguja ».

La recurrencia de la palabra « sanatorio », el pluscuamperfecto de probabilidad y sobre todo la referencia a la aguja indican que el viaje al Sur, así como el duelo, no ha sido más que un sueño (o una pesadilla) de Juan Dahlmann, un sueño que comienza cuando « un hombre enmascarado le clavó una aguja en el brazo ».

La existencia de dos modos de representación de los hechos (real e irreal) como las dobles simetrías corresponden igualmente a una doble relación de causa a efecto. En la primera parte, el accidente de la ventana se convierte en septicemia. En la segunda, la provocación se convierte en duelo. En ambos casos se corre el riesgo de morir. En ambos casos Borges crea una ambigüedad semántica. Al respecto, el escritor explica en una entrevista : « Todo lo que sucede después de que sale Dahlmann del sanatorio puede interpretarse como una alucinación suya en el momento de morir de la septicemia, como una visión fantástica de cómo él hubiera querido morir. Por eso hay leves correspondencias entre las dos mitades del cuento[34]. »

34. James E. Irby, *Entrevista con Borges, Revista de la Universidad de México*, 1962, p. 14.

Características del relato

« El Sur » puede integrarse en la categoría de cuentos fantásticos cuya principal característica reside en la confusión del sueño y la realidad. El tema es recurrente en la obra de Borges y especialmente en *Ficciones*. Los cuentos « Las ruinas circulares » y « El milagro secreto » son los más representativos. Éstos se inscriben, además, dentro de la perspectiva idealista de Berkeley y Schopenhauer y evocan relatos afines como *Sueño del Aposento Rojo* de Tsao Hsue-Kin (1719-1764) y « La última visita del caballero enfermo » (1906) del escritor italiano Giovanni Papini (1871-1956)[35].

No menos importante es el tema del doble. En efecto, tanto el linaje (abuelos) como la situación sociocultural en que se halla el protagonista encierran una dualidad que puede resumirse en tres binomios : europeo/criollo, ciudad/campo y cultura/incultura. Esta división tripartita se correlaciona a la vez con un tema subyacente : el tiempo (« Dahlmann pudo sospechar que viajaba al pasado y no sólo al Sur »), con la historia de la Argentina y los conceptos de « civilización » y « barbarie », como se verá a continuación.

Fantástico y realidad

Según Borges, « El Sur » se inspira de hechos autobiográficos : « El abuelo de Dahlmann era alemán ; mi abuelo era inglés. Los antepasados criollos de Dahlmann eran del sur y los míos, del norte. El abuelo materno de Dahlmann peleó contra los indios y murió en la frontera de Buenos Aires ; el mío paterno hizo lo mismo, pero murió en la revolución de 1874[36]. » El accidente de Juan Dahlmann es, por otra parte, una versión casi exacta del accidente que tuvo Borges en 1938. A estas similitudes cabe añadir otras cuya importancia resulta fundamental para comprender el contenido simbólico del cuento. Dahlmann es bibliotecario como lo fue Borges durante nueve años en una biblioteca del suroeste de Buenos Aires. La lectura de *Las Mil y Una Noches*, obra de

35. Véase *Antología de la literatura fantástica* de Bioy Casares, Borges y Ocampo, *op. cit.*
36. James E. Irby, *op. cit.*, p. 14.

carácter fantástico-maravilloso, así como la del *Martín Fierro* (1872-1879), poema épico-elegíaco de José Hernández (1834-1886) que relata la vida de un gaucho desertor, corresponden a las lecturas asiduas de Borges. Finalmente, la muerte romántica de Francisco Flores y el duelo en la llanura traducen el interés (literario) del escritor por las manifestaciones del coraje. Así, como Borges, Juan Dahlmann vive en un universo civilizado y libresco, poblado de sueños maravillosos e interrogaciones metafísicas sobre el ser y la eternidad, poblado de mitologías literarias y muertes románticas. Ese universo casi irreal tiene su reverso : la realidad violenta del Sur, símbolo de barbarie para muchos argentinos. El viaje en tren, viaje en que el presente y el pasado fusionan, en que Dahlmann abandona los cuentos maravillosos de *Las Mil y Una Noches*, cifra de manera simbólica la historia argentina y el destino de sus habitantes. La llanura elemental, el gaucho viejo y eterno, la provocación, el cuchillo y la muerte señalan, mediante la confusión de lo real y lo irreal, la existencia de dos universos antagónicos inseparables e inevitables. « El Sur » podría considerarse como una variante del poema que Borges dedica en 1943 a Francisco Narciso de Laprida, artífice de la independencia argentina (1816) :

Poema Conjetural

Zumban las balas en la tarde última.
Hay viento y hay cenizas en el viento,
se dispersan el día y la batalla
deforme, y la victoria es de los otros.
Vencen los bárbaros, los gauchos vencen.
Yo, que estudié las leyes y los cánones,
yo, Francisco Narciso de Laprida,
cuya voz declaró la independencia
de estas crueles provincias, derrotado,
de sangre y de sudor manchado el rostro,
sin esperanza ni temor, perdido,
huyo hacia el Sur por arrabales últimos.
[...]
La noche lateral de los pantanos

me acecha y me demora. Oigo los cascos
de mi caliente muerte que busca
con jinetes, con belfos y con lanzas.
Yo que anhelé ser otro, ser un hombre
de sentencias, de libros, de dictámenes,
a cielo abierto yaceré entre ciénagas ;
pero me endiosa el pecho inexplicable
un júbilo secreto. Al fin me encuentro
con mi destino sudamericano[37].
[...]

Jorge Luis Borges, *El otro, el mismo*. Emecé Editores S.A., © Maria Kodama.

5. Felisberto Hernández

Né à Montevideo (Uruguay) en 1902, Felisberto Hernández s'est consacré dès son jeune âge à la musique. Il est devenu pianiste, compositeur et concertiste. En 1923 paraissent ses premiers récits, mais il reste longtemps inconnu du public. C'est beaucoup plus tard, peu avant sa mort en 1962, que son œuvre littéraire a obtenu la reconnaissance qu'elle méritait.

Felisberto Hernández a écrit trois romans : *Por los tiempos de Clemente Collins* (1942), *El Caballo perdido* (1943) et *Las tierras de la memoria*, œuvre incomplète et posthume. Ces textes sont imprégnés d'un vague réalisme qui prend sa source dans ses souvenirs d'enfance et d'adolescence.

En 1947 sort un recueil de nouvelles : *Nadie encendía las lámparas* dont fait partie « Muebles "El Canario" ». Deux ans plus tard, il publie un long récit dans la revue *Escritura* de Montevideo : *Las Hortensias*. Ses derniers textes sont regroupés dans *La Casa inundada* (1960).

L'œuvre de Felisberto Hernández se caractérise plus par la représentation d'un monde étrange que par la mise en scène de faits essentiellement fantastiques. La plupart de ses récits restent circonscrits dans les limites du vraisemblable, mais il s'agit d'un vraisemblable qui souvent côtoie l'absurde et l'insolite. Ainsi, dans « El balcón » (*Nadie encendía las lámpa-*

37. Jorge Luis Borges, *El Otro, el mismo*, Emecé, 1970, pp. 23-24.

ras) un balcon s'écroule de façon inattendue et incompréhensible. Dans « El comedor oscuro » un personnage donne des concerts de piano dans une chambre obscure et devant un seul spectateur : une dame ivrogne. Dans « La casa inundada » une grosse femme se promène en barque dans sa demeure. La nouvelle « El cocodrilo » présente un pianiste qui, pour vendre des bas, pleure à grosses larmes devant les clients. Dans « El acomodador », l'écrivain juxtapose l'étrange, le surnaturel et l'onirique. Un placeur de théâtre dont les yeux émettent de la lumière entreprend d'étranges expériences dans une demeure remplie de vitrines chargées d'objets les plus divers. En outre, l'endroit est souvent parcouru par une femme somnambule portant un chandelier.

L'univers fantastique et étrange de Felisberto Hernández est aussi empreint d'humour, d'ironie ainsi que d'une mystérieuse atmosphère de solitude.

MUEBLES « EL CANARIO »

La propaganda de estos muebles me tomó desprevenido. Yo había ido a pasar un mes de vacaciones a un lugar cercano y no había querido enterarme de lo que ocurriera en la ciudad. Cuando llegué de vuelta hacía mucho calor y esa misma noche fui a una playa. Volví a mi pieza más bien temprano y un poco malhumorado por lo que me había ocurrido en el tranvía. Lo tomé en la playa y me tocó sentarme en un lugar que daba al pasillo. Como todavía hacía mucho calor, había puesto mi saco en las rodillas y traía los brazos al aire, pues mi camisa era de manga corta. Entre las personas que andaban por el pasillo hubo una que de pronto me dijo :

— Con su permiso, por favor...

Y yo respondí con rapidez :

— Es de usted.

Pero no sólo no comprendí lo que pasaba sino que me asusté. En ese instante ocurrieron muchas cosas. La primera fue que aun cuando ese señor no había terminado de pedirme permiso, y mientras yo le contestaba, él ya me frotaba el brazo desnudo con algo frío que no sé por qué creí que fuera saliva. Y cuando yo había terminado de decir « es de usted », ya sentí un pinchazo y vi una jeringa grande con letras. Al mismo tiempo una gorda que iba en otro asiento decía :

— Después a mí.
Yo debo haber hecho un movimiento brusco con el brazo porque el hombre de la jeringa dijo :
— ¡ Ah !, lo voy a lastimar… quieto un…
Pronto sacó la jeringa en medio de la sonrisa de otros pasajeros que habían visto mi cara. Después empezó a frotar el brazo de la gorda y ella miraba operar muy complacida. A pesar de que la jeringa era grande, sólo echaba un pequeño chorro con un golpe de resorte. Entonces, leí las letras amarillas que había a lo largo del tubo : *Muebles « El Canario »*. Después me dio vergüenza preguntar de qué se trataba y decidí enterarme al otro día por los diarios. Pero apenas bajé del tranvía pensé : « No podrá ser un fortificante ; tendrá que ser algo que deje consecuencias visibles si realmente se trata de una propaganda. » Sin embargo, yo no sabía bien de qué se trataba ; pero estaba muy cansado y me empeciné en no hacer caso. De cualquier manera estaba seguro de que no se permitiría dopar al público con ninguna droga. Antes de dormirme pensé que a lo mejor habrían querido producir algún estado físico de placer o bienestar. Todavía no había pasado al sueño cuando oí en mí el canto de un pajarito. No tenía la calidad de algo recordado ni del sonido que nos llega de afuera. Era anormal como una enfermedad nueva ; pero también había un matiz irónico, como si la enfermedad se sintiera contenta y se hubiera puesto a cantar. Estas sensaciones pasaron rápidamente y en seguida apareció algo más concreto : oí sonar en mi cabeza una voz que decía :
— Hola, hola, transmite difusora « El Canario »… hola, hola, audición especial. Las personas sensibilizadas para estas trasmisiones… etc., etc.
Todo esto lo oía de pie, descalzo, al costado de la cama y sin animarme a encender la luz ; había dado un salto y me había quedado duro en ese lugar ; parecía imposible que aquello sonara dentro de mi cabeza. Me volví a tirar en la cama y por último me decidí a esperar. Ahora estaban pasando indicaciones a propósito de los pagos en cuotas de los muebles « El Canario ». Y de pronto dijeron :
— Como primer número se transmitirá el tango…
Desesperado, me metí debajo de una cobija[38] gruesa ; entonces oí todo

38. *cobija* : manta.

con más claridad, pues la cobija atenuaba los ruidos de la calle y yo sentía mejor lo que ocurría dentro de mi cabeza. En seguida me saqué la cobija y empecé a caminar por la habitación ; esto me aliviaba un poco pero yo tenía como un secreto empecinamiento en oír y en quejarme de mi desgracia. Me acosté de nuevo y al agarrarme de los barrotes de la cama volví a oír el tango con más nitidez.

Al rato me encontraba en la calle : buscaba otros ruidos que atenuaran el que sentía en la cabeza. Pensé comprar un diario, informarme de la dirección de la radio y preguntar qué habría que hacer para anular el efecto de la inyección. Pero vino un tranvía y lo tomé. A los pocos instantes el tranvía pasó por un lugar donde las vías se hallaban en mal estado y el gran ruido me alivió de otro tango que tocaban ahora ; pero de pronto miré para dentro del tranvía y vi otro hombre con otra jeringa ; les estaba dando inyecciones a unos niños que iban sentados en asientos transversales. Fui hasta allí y le pregunté qué había que hacer para anular el efecto de una inyección que me habían dado hacía una hora. El me miró asombrado y dijo :

— ¿ No le agrada la transmisión ?

— Absolutamente.

— Espere unos momentos y empezará una novela en episodios.

— Horrible — le dije.

Él siguió con las inyecciones y sacudía la cabeza haciendo una sonrisa.

Yo no oía más el tango. Ahora volvían a hablar de los muebles. Por fin el hombre de la inyección me dijo :

— Señor, en todos los diarios ha salido el aviso de las tabletas « El Canario ». Si a usted no le gusta la transmisión se toma una de ellas y pronto.

— ¡ Pero ahora todas las farmacias están cerradas y yo voy a volverme loco !

En ese instante oí anunciar :

— Y ahora trasmitiremos una poesía titulada « Mi Sillón Querido », soneto compuesto especialmente para los muebles « El Canario ».

Después el hombre de la inyección se acercó a mí para hablarme en secreto y me dijo :

— Yo voy a arreglar su asunto de otra manera. Le cobraré un peso porque le veo cara honrada. Si usted me descubre pierdo el empleo,

pues a la compañía le conviene más que se vendan las tabletas.
Yo lo apuré para que me dijera el secreto. Entonces él abrió la mano y dijo :
— Venga el peso. — Y después que se lo di agregó — : Dése un baño de pies bien caliente.

Felisberto Hernández, « Muebles "El Canario" »,
in *Nadie encendía las lámparas* (1947), Lumen, 1982, © Ana M. Hernandez de Elena.

COMMENTAIRE

Estructura

El relato se articula en torno a las experiencias del personaje-narrador y según una **focalización espacial** que se desplaza del exterior (playa-tranvía) al interior (habitación) y vuelve al exterior (calle-tranvía). Dentro de esta estructura circular, los acontecimientos reales e irreales se encuentran sujetos a diferentes modos de representación.

• *El principio (líneas 1-38)*

Tanto para el personaje-narrador como para el lector, los sucesos del tranvía resultan sumamente extraños. Si el marco de la acción es real, el comportamiento de los personajes (inyección, sonrisa de los pasajeros, mujer complacida) lo es mucho menos.

• *El medio (líneas 38-60)*

Las dudas del personaje-narrador en cuanto a los extraños objetivos de la inyección publicitaria se disipan con la experiencia de un hecho fantástico : la transmisión directa de un programa radiofónico en el interior de su cuerpo.

• *El fin (líneas 61-95)*

Con el regreso a la calle y la nueva experiencia del protagonista en el tranvía, Felisberto Hernández confunde realidad e irrealidad. No obstante, el aspecto más sobresaliente del relato reside en el hecho de que sólo la representación del espacio (ciudad, tranvía, habitación) es real. Todo lo demás se sitúa dentro de un universo extraño (la actitud de los ciudadanos) e irreal (los efectos producidos por la inyección) ; lo cual significa que el narrador y el lector se encuentran desde el principio ante una situación de índole fantástica.

Organización temática

El texto se organiza desde un punto de vista subjetivo y a través de las reacciones del personaje-narrador. En la primera parte predomina el desconcierto y las interrogaciones ante un hecho inesperado : « me tomó desprevenido », « no comprendí lo que pasaba », « me asusté », « yo no sabía bien de qué se trataba ». En la segunda parte, el protagonista pasa del desconcierto : « había dado un salto y me había quedado duro en ese lugar », a la angustia : « desesperado, me metí debajo de una cobija ». En la tercera parte, al igual que en la primera secuencia del principio (« volví a mi pieza [...] malhumorado »), da muestras de desasosiego y exasperación : « ¡ voy a volverme loco ! ».

Es indudable que las reacciones del narrador se oponen a las de los demás ciudadanos. El texto presenta, en efecto, una serie de personajes cuyos actos se destacan por la profunda naturalidad y simpatía que expresan ante el fenómeno fantástico de la inyección : « la sonrisa de otros pasajeros », « la gorda [...] miraba operar muy complacida ». Finalmente, el asombro del propagandista frente a la actitud del narrador invierte los términos : el rechazo de la emisión radiofónica le resulta incomprensible y anormal. Cabe observar, también, que si la transmisión de la difusora « El Canario » es el resultado de un acto irreal, por no decir de ciencia ficción, su contenido corresponde a una realidad cultural bien definida : la sociedad uruguaya. Y dicha realidad penetra en la cabeza de un hombre que, apabullado por los múltiples sonidos, cantos y voces, intenta atenuar el fenómeno fantástico con el ruido « real » de la calle. Así, las diferentes representaciones que contiene el relato terminan por borrar los límites entre lo normal y lo anormal, entre la materia y el espíritu. Al mismo tiempo, el texto presenta una serie de oposiciones explícitas e implícitas a partir de las cuales entran en juego las relaciones entre individuo y colectividad y los códigos socioculturales que rigen el comportamiento de los ciudadanos (véase Fantástico y realidad).

Composición circular del relato

Estructura	Espacio	Acción	Narrador	Modos de representación
principio	exterior playa-tranvía	inyección propaganda	malhumor desconcierto	real-extraño
medio	interior habitación	transmisión radiofónica	susto angustia	fantástico real
fin	exterior calle-tranvía	transmisión inyección propaganda	desasosiego exasperación malhumor	fantástico real-extraño

Características del relato

El texto se destaca sobre todo por la relación original que se establece entre el personaje-narrador y el acontecimiento fantástico. De manera opuesta a los tópicos del género, Felisberto Hernández no recurre aquí a una incertidumbre individual, a una alucinación o visión subjetiva, es decir a una percepción de los hechos que nace del interior del ser para reflejarse en el exterior, en la realidad, como ocurre por ejemplo en « El acomodador ». El autor presenta un fenómeno anormal que viene del exterior para producirse en el mundo interior del individuo. De esa forma se suprimen los límites entre el sujeto y el objeto.

El relato difiere de algunos modelos ejemplares de la literatura fantástica. Narraciones como « Le Horla » (1887) de Guy de Maupassant (1850-1893) o « Casa tomada » de Julio Cortázar, donde el acoso y la invasión progresiva del espacio íntimo del individuo son los temas centrales, establecen una distancia entre el sujeto y el objeto, provocando a la vez la incertidumbre del lector. Tampoco existe la confusión del sueño y de la realidad. Al contrario, esta última impide la posibilidad de un mundo onírico : « todavía — explica el narrador — no había pasado al sueño cuando oí en mí el canto de un pajarito ». Los monstruos reales de la propaganda invaden los misterios del mundo nocturno.

La peculiaridad estructural y temática del cuento muestra que el autor se aleja de las normas tradicionales del género para crear un universo neofantástico (kafkiano), un universo en que lo inverosímil está en la realidad y en el comportamiento de los hombres. La sociedad convierte lo anormal en normal, negando al mismo tiempo la existencia real y onírica del individuo.

Fantástico y realidad

El relato se presenta, por una parte, como una alegoría de la subordinación económica de la colectividad y, por otra, como una vindicación de la libertad individual del ser humano. La posición crítica de Felisberto Hernández puede clasificarse según tres términos : « alienación », « invasión » e « evasión ». La noción de « alienación económica » (propaganda) aparece bajo el símbolo de la inyección. El autor invierte aquí los significados, puesto que el producto inyectado, en lugar de curar, introduce « una enfermedad nueva ». No menos significativa es la afirmación irónica del narrador al final de la primera parte : « De cualquier manera estaba seguro de que no se permitiría dopar al público con ninguna droga ». La jeringa con la marca « Muebles "El Canario" », « los pagos en cuotas », las tabletas que permiten anular el efecto de la inyección y el dinero que exige el vendedor muestran que el individuo se encuentra en un círculo vicioso del cual no puede escapar. Tampoco puede escapar de la « invasión cultural » de la propaganda. Los tangos, la novela en episodios y la poesía « Mi Sillón Querido » (posible alusión irónica al tango « Mi Buenos Aires querido ») dejan entrever el carácter chabacano y prosaico de la emisión. Las reacciones del narrador al respecto son significativas : « buscaba otro ruido que atenuara el que sentía », « el gran ruido me alivió de otro tango ». Ahora bien, aliviar un ruido con otro significa, en este caso también, que el individuo se encuentra ante la imposibilidad de evadirse o abstraerse de la realidad. Los barrotes de la cama a los cuales se aferra el narrador simbolizan dicha imposibilidad.

Resulta difícil disociar la temática del cuento de las actividades creativas del autor. El desconcierto y desesperación del narrador ante la propaganda y el acoso de los ruidos (tema recurrente en los cuentos de Felisberto Hernández) son gestos y sentimientos que corresponden a los de un individuo que vive — y pretende seguir viviendo — abstraído en el mundo solitario de la creación literaria y de la composición musical.

6. Virgilio Piñera

Virgilio Piñera est né à Cárdenas (province de Matanzas) en 1912 et mort à La Havane en 1979. Poète, dramaturge et nouvelliste, l'écrivain collabore aux mouvements d'avant-garde de son pays. Il a fait partie du groupe qui dirigeait la revue *Orígenes*, revue créée par José Lezama Lima et dont le principal objectif esthétique était de s'opposer au naturalisme et au réalisme folklorique. De 1946 à 1958, il séjourne à Buenos Aires où il entre en contact avec Witold Gombrowicz. Il sera l'un des principaux artisans de la traduction de *Ferdidurke*, célèbre roman de l'écrivain polonais. L'amitié avec Gombrowicz aura une influence sur l'œuvre de Piñera. L'irrévérence, le sentiment de l'absurde, l'humour noir et le grotesque, aspects marquants de l'œuvre du Polonais, se retrouvent dans de nombreux textes de l'écrivain cubain.

Virgilio Piñera a écrit trois romans : *La Carne de René* (1952), *Pequeñas Maniobras* (1963), *Presiones y Diamantes* (1967) et trois recueils de poésie : *Las Furias* (1941), *La Isla en peso* (1942), *La Vida entera* (1969). En tant que dramaturge, il a publié, entre autres : *Teatro de la crueldad* (1967), *Teatro del absurdo* (1967) et *Dos Viejos Pánicos* (1968). Ses premières nouvelles apparaissent en 1944 (*Cuentos*). Jorge Luis Borges en publiera quelques unes dans la revue *Sur* de Buenos Aires. En 1956 paraît le recueil *Cuentos fríos*. Suivent ensuite des compilations : *Cuentos* (1970), *Mueca para escribientes* (1990), recueil posthume.

Les récits où l'écrivain associe l'absurde, l'humour et le fantastique ne sont pas les plus nombreux. Bien qu'insolites par leurs thèmes et méthodes d'élaboration, la plupart d'entre eux ne transgressent pas les lois de la causalité. Il y a dans l'œuvre de Piñera une exacerbation du réel, de tout ce qui est souvent considéré comme normal.

Parmi ses textes fantastiques ou étranges citons : « Un parto insospechado » (1957), version grotesque de « Viaje a la semilla » (1944) d'Alejo Carpentier, récit où la causalité temporelle et biologique est renversée. Avec « Cómo viví y cómo morí » (1957), Piñera renverse également la symbolique de *La Métamorphose* de Franz Kafka. En effet, le héros meurt dévoré par des milliers de cafards. Ainsi, l'univers absurde et individuel du personnage de Kafka devient pour le cubain l'univers absurde de la collectivité. Chez Piñera, le recours au fantastique et aux inversions des valeurs parodiques et satiriques correspond souvent au désir de dénoncer le caractère apparemment normal et « rationnel » de la réalité. À travers le fantastique, il relativise, ridiculise et subvertit les codes qui régissent la société contemporaine.

La nouvelle « La carne » a été publiée pour la première fois en 1944 et reprise dans le recueil de nouvelles édité par Alfaguara en 1983.

LA CARNE

Sucedió con gran sencillez, sin afectación. Por motivos que no son del caso exponer, la población sufría de falta de carne. Todo el mundo se alarmó y se hicieron comentarios más o menos amargos y hasta se esbozaron ciertos propósitos de venganza. Pero, como siempre sucede, las protestas no pasaron de meras amenazas y pronto se vio aquel afligido pueblo engullendo los más variados vegetales.

Sólo que el señor Ansaldo no siguió la orden general. Con gran tranquilidad se puso a afilar un enorme cuchillo de cocina, y, acto seguido, bajándose los pantalones hasta las rodillas, cortó de su nalga izquierda un hermoso filete. Tras haberlo limpiado lo adobó con sal y vinagre, lo pasó — como se dice — por la parrilla, para finalmente freírlo en la gran sartén de las tortillas del domingo. Sentóse a la mesa y comenzó a saborear su hermoso filete. Entonces llamaron a la puerta ; era su vecino que venía a desahogarse... Pero Ansaldo, con elegante ademán, le hizo ver el hermoso filete. El vecino preguntó y Ansaldo se limitó a mostrar su nalga izquierda. Todo quedaba explicado. A su vez, el vecino deslumbrado y conmovido, salió sin decir palabra para volver al poco rato con el Alcalde del pueblo. Éste expresó a Ansaldo su vivo deseo de que su amado pueblo se alimentara, como lo hacía Ansaldo, de sus propias carnes de cada uno. Pronto quedó acordada la cosa y después de las efusiones propias de gente bien educada, Ansaldo se trasladó a la plaza principal del pueblo para ofrecer, según su frase característica, « una demostración práctica a las masas ».

Una vez allí hizo saber que cada persona cortaría de su nalga izquierda dos filetes, en todo iguales a una muestra en yeso encarnado que colgaba de un reluciente alambre. Y declaraba que dos filetes y no uno, pues si él había cortado de su propia nalga izquierda un hermoso filete, justo era que la cosa marchase a compás, esto es, que nadie engullera un filete menos. Una vez fijados estos puntos, diose cada uno a rebanar dos filetes de su respectiva nalga izquierda. Era un glorioso espectáculo, pero se ruega no enviar descripciones. Se hicieron cálculos acerca de cuánto tiempo gozaría el pueblo de los beneficios de la carne. Un distinguido anatómico predijo que sobre un peso de cien libras, y descontando vísceras y demás órganos no ingestibles, un individuo podía comer carne durante ciento cuarenta días a razón de media libra por día. Por lo demás, era un cálculo ilusorio. Y lo que importaba era que cada uno pudiese ingerir su hermoso filete.

Pronto se vio a señoras que hablaban de las ventajas que reportaba la idea del señor Ansaldo. Por ejemplo, las que ya habían devorado sus senos no se veían obligadas a cubrir de telas su caja torácica, y sus vestidos concluían poco más arriba del ombligo. Y algunas, no todas, no hablaban ya, pues habían engullido su lengua, que, dicho sea de paso, es un manjar de monarcas. En la calle tenían lugar las más deliciosas escenas : así, dos señoras que hacía muchísimo tiempo que no se veían no pudieron besarse ; habían usado sus labios en la confección de unas frituras de gran éxito. Y el Alcaide del penal no pudo firmar la sentencia de muerte de un condenado porque se había comido las yemas de los dedos, que, según los buenos « gourmets » (y el Alcaide lo era) ha dado origen a esa frase tan llevada y traída de « chuparse la yema de los dedos ».

Hubo hasta pequeñas sublevaciones. El sindicato de obreros de ajustadores femeninos elevó su más formal protesta ante la autoridad correspondiente, y ésta contestó que no era posible « slogan » alguno para animar a las señoras a usarlos de nuevo. Pero eran sublevaciones inocentes que no interrumpían de ningún modo la consumición, por parte del pueblo, de su propia carne.

Uno de los sucesos más pintorescos de aquella agradable jornada fue la disección del último pedazo de carne del bailarín del pueblo. Éste, por respeto a su arte, había dejado para lo último los bellos dedos de sus pies. Sus convecinos advirtieron que desde hacía varios días se mostraba vivamente inquieto. Ya sólo le quedaba la parte carnosa del dedo gordo. Entonces invitó a sus amigos a presenciar la operación. En medio de un

sanguinolento silencio cortó su porción postrera, y sin pasarla por el fuego la dejó caer en el hueco de lo que había sido en otro tiempo su hermosa boca. Entonces todos los presentes se pusieron repentinamente serios.
Pero se iba viviendo, y era lo importante. ¿ Y si acaso... ? ¿ Sería por eso que las zapatillas del bailarín se encontraban ahora en una de las salas del Museo de los Recuerdos Ilustres ? Sólo se sabe que uno de los hombres más obesos del pueblo (pesaba doscientos kilos) gastó toda su reserva de carne disponible en el breve espacio de quince días (era extremadamente goloso, y, por otra parte, su organismo exigía grandes cantidades). Después ya nadie pudo verlo jamás. Evidentemente, se ocultaba... Pero no sólo se ocultaba él, sino que otros muchos comenzaban a adoptar idéntico comportamiento. De esta suerte, una mañana, la señora Orfila, al preguntar a su hijo — que se devoraba el lóbulo izquierdo de la oreja — dónde había guardado no sé qué cosa, no obtuvo respuesta alguna. Y no valieron súplicas ni amenazas. Llamado el perito en desaparecidos sólo pudo dar con un breve montón de excrementos en el sitio donde la señora Orfila juraba y perjuraba que su amado hijo se encontraba en el momento de ser interrogado por ella. Pero estas ligeras alteraciones no minaban en absoluto la alegría de aquellos habitantes. ¿ De qué podría quejarse un pueblo que tenía asegurada su subsistencia ? El grave problema de orden público creado por la falta de carne, ¿ no había quedado definitivamente zanjado ? Que la población fuera ocultándose progresivamente nada tenía que ver con el aspecto central de la cosa, y sólo era un colofón que no alteraba en modo alguno la firme voluntad de aquella gente de procurarse el precioso alimento. ¿ Era, por ventura, dicho colofón el precio que exigía la carne de cada uno ? Pero sería miserable hacer más preguntas inoportunas, y aquel prudente pueblo estaba muy bien alimentado.

Virgilio Piñera, « La carne » in *Cuentos* (1944),

COMMENTAIRE

Estructura

Narrado en tercera persona (focalización omnisciente), el relato se destaca por una objetivación de los hechos donde lo real e irreal alternan de manera absurda y según un enfoque estético de carácter irónico.

Al mismo tiempo, Virgilio Piñera presenta de manera creciente e hiperbólica los acontecimientos extraordinarios y sobrenaturales.

• *El principio (líneas 1-37)*

La primera secuencia puede considerarse como una breve introducción en la que se plantea un problema real : la falta de carne. La segunda introduce, con el gesto de Ansaldo (autofagia), un fenómeno extraordinario pero no sobrenatural. La decisión del Alcalde, en la tercera secuencia, aumenta el proceso hacia lo absurdo sin que se violen las leyes naturales.

• *El medio (líneas 38-64)*

Los casos de autofagia se multiplican de tal forma que la situación inverosímil linda aquí con lo fantástico.

• *El fin (líneas 65-89)*

La primera secuencia se centra en la figura del bailarín. La segunda en la del hombre obeso y el hijo de la señora Orfila. En los tres casos la autofagia culmina con la desaparición de los personajes. El autor, mediante la exageración de los gestos, configura un mundo completamente absurdo e irreal. La tercera secuencia reviste los caracteres de una conclusión. El narrador, con la misma naturalidad y objetividad del principio, considera resuelto el problema de la carne.

Organización temática

En primer lugar, cabe observar que el autor omite los factores que produjeron semejante situación. El lector sólo sabe que los hechos ocurrieron con « gran sencillez ». En segundo lugar, no existen referentes espacio-temporales precisos. El fenómeno de autofagia adquiere de esa forma un carácter universal e intemporal. Sin embargo, y como se verá más adelante, el tema de la carne implica referentes extratextuales bien definidos.

La organización semántica del relato presenta un proceso que se desplaza, en cada uno de los segmentos que componen la historia, de lo particular a lo general, del individuo a la colectividad, y, globalmente, de la parte al todo. Así, la decisión individual de Ansaldo repercute de manera positiva en el Alcalde, quien, a su vez, emprende « una demostración práctica a las masas ». En el segundo segmento, los cuatro ejemplos personales de autofagia : senos, lenguas, labios y yemas de los dedos, anteceden las sublevaciones del sindicato de ajustadores femeninos, sin impedir que el pueblo se devore a sí mismo. Por último, el narrador presenta tres casos de autofagia completa (bailarín, obeso, muchacho), para centrarse luego en la « alegría de aquellos habitantes », y afirmar que « el pueblo estaba muy bien alimentado ».

El relato se compone asimismo de una serie de **correlaciones** y **oposiciones temáticas** que acentúan el carácter grotesco y absurdo de la situación. La autofagia se vincula con el arte culinario, ya sea de manera concreta : « cocina », « cuchillo », « sal y vinagre », « parrilla », « gran sartén », « tortilla », ya sea mediante apreciaciones « estéticas » : « hermoso filete » (Piñera emplea el sustantivo en siete oportunidades), « manjar de monarcas », « gourmet », « frituras de gran éxito ». En cuanto a las oposiciones, éstas se establecen a partir de dos **isotopías gramaticales**, como lo muestra el cuadro siguiente :

Verbos/substantivos	Adjetivos
engullir devorar ingerir cortar rebanar disección	elegante ademán glorioso espectáculo deliciosas escenas sucesos pintorescos agradable jornada ligeras alteraciones sublevaciones inocentes prudente pueblo

Tanto el dolor que implica la autofagia como la digestión precipitada y ávida de carne humana (verbos y sustantivos) contrastan con la visión estética y civilizada (adjetivos) del narrador ante semejante espectáculo. Virgilio Piñera se sirve aquí de la ironía, cuya técnica consiste en decir una cosa que significa otra. Así, las oposiciones semánticas y la combinación de elementos dispares muestra que el sentido literal del texto encubre otro de carácter satírico. Uno de los recursos más corrientes de la sátira es, junto con la exageración y la caricatura, la inversión de los términos. En « La carne » los actos de autofagia invierten uno de los tabúes de la civilización occidental : la antropofagia. Al mismo tiempo, el comportamiento sencillo, alegre y prudente de la gente resulta el reverso de lo que suele ocurrir cuando un pueblo padece hambre. Como lo muestra la Historia, el egoísmo, la tristeza y la violencia son los gestos y sentimientos que predominan en esos casos.

Características del relato

De los procedimientos empleados por Virgilio Piñera se puede inferir que el fenómeno fantástico representa la inversión absurda de un acontecimiento real : la imposibilidad de comer carne. Lo irreal no irrumpe en la realidad para crear una incertidumbre o subvertir la coherencia del mundo, sino para denunciar una verdadera ruptura en el sistema social. Así, lo sobrenatural aparece como una exageración expresionista y carnavalesca de una realidad alterada por el hambre. Piñera declaró al respecto : « Huyendo de la literatura panfleteria [...] fundamentábamos nuestra protesta en la literatura que llamaría, forzando el término, "abstraída", es decir, literatura que eludía los primeros planos de la realidad para pasarla por un tamiz diez veces más fino[39]. »

El tema del hambre y la representación fantástica de cuerpos seccionados aparece también en relatos como « La cena », « La caída » o « Las partes » (*Cuentos fríos*). Cabe señalar, además, que en la mayoría de los textos donde se violan las leyes naturales el humor está presente. Ahora bien, la literatura fantástica tradicional suele excluir el humor de sus argumentos, como lo explica Louis Vax : « À première vue, l'ironie, l'humour d'une part, le fantastique d'autre part, s'excluent comme l'eau et le feu. Quand on rit d'une histoire d'épouvante, c'est que l'épouvante se dissipe[40]. » Sin embargo, existen obras basadas en la representación humorística de fenómenos sobrenaturales. Uno de los textos más cono-

39. « Notas sobre la vieja y la nueva generación » in Rogelio Llopis « Recuento fantástico », *Casa de las Américas*, 1967.
40. Louis Vax, *L'Art et la Littérature fantastiques*, PUF, 1974, pp. 14-15.

cidos es « Le fantôme de Canterville » de Oscar Wilde (1856-1900). El relato se destaca por el hecho de que invierte el arquetipo tradicional del fantasma. En lugar de infundir miedo, éste vive aterrorizado por las bromas de una familia norteamericana profundamente incrédula.

La relación humor-fantástico-absurdo, presente en « La carne » y otros textos de *Cuentos fríos*, prefigura algunos cuentos del mexicano Juan José Arreola (*Confabulario definitivo*) y evocan, en particular, el universo invertido, tergiversado y a veces absurdo de los *Contes glacés* (1974), obra del escritor belga Jacques Sternberg (1923).

Fantástico y realidad

La ausencia en el texto de **referentes espacio-temporales** reales se debe a que éste fue escrito con el fin de burlar la censura oficial instaurada por el gobierno de Fulgencio Batista (1940-1944). Según Virgilio Piñera, el tema de la carne nace de una circunstancia de la historia cubana : « no es otra cosa — explica el escritor — que la protesta por los envíos de reses a Estados Unidos en la Segunda Guerra Mundial[41] ». Para Carmen Torres, dicha protesta « apunta a otra realidad implícita : el envío de "reses humanas" al matadero de los conflictos mundiales[42] ».

En « La carne » el elemento fantástico (desaparición del pueblo) resulta, por consiguiente, solidario de una denuncia satírica que deja traslucir el deseo de reestablecer el equilibrio en una realidad víctima de los acontecimientos absurdos e irracionales de la guerra.

7. JULIO CORTÁZAR

De parents argentins, Julio Cortázar est né à Bruxelles en 1914. Il arrive en Argentine à l'âge de quatre ans. En 1951, il s'installe à Paris où il vivra jusqu'à sa mort en 1984. Il a écrit de nombreux romans : *Los Premios* (1960), *Rayuela* (1963), *62, Modelo para armar* (1968), *Los Autonautas de la cosmopista* (1984), etc. Mais sa carrière en tant qu'écrivain commence

41. Citado por Rogelio Llopis, *op. cit.*
42. Carmen Torres, *La Cuentística de Virgilio Piñera*, Pliegos, 1989, p. 100.

par des récits fantastiques. Un des premiers, « Casa tomada », a été publié en 1946 dans *Los Anales de Buenos Aires* et à l'initiative de Jorge Luis Borges, alors directeur de la revue. En 1956 sort son premier recueil de nouvelles : *Final de juego*. Le second, *Las Armas secretas*, paraît en 1959. Suivent ensuite *Todos los fuegos el fuego* (1966), *Octaedro* (1974), *Alguien que anda por ahí* (1977), *Queremos tanto a Glenda* (1981), *Deshoras* (1983).

Dans un article daté de 1978, Julio Cortázar définit l'essence de ses récits fantastiques comme « l'étrangeté au quotidien[43] ». En même temps, il situe ses textes par rapport à la littérature gothique anglo-saxonne. Ainsi, en parlant des écrivains argentins et uruguayens contemporains (Borges, Felisberto Hernández, Silvina Ocampo, Bioy Casares), il affirme : « Notre rencontre avec le mystère s'est faite dans une autre direction et nous avons reçu l'influence du Gothique sans avoir l'ingénuité d'imiter la forme[44]. » C'est pourquoi chez Cortázar certains thèmes fantastiques traditionnels tels que les métamorphoses, les revenants ou les présences invisibles surgissent habituellement dans un contexte réel aux apparences les plus banales et selon de multiples points de vue. Dans les textes cortazariens le fantastique peut apparaître à tout moment et personne n'y échappe (voir le commentaire de « Continuidad de los parques »).

L'écrivain a aussi recours aux mythes aztèques et grecs dans des nouvelles comme « Axolotl », « La noche boca arriba », « Las ménades » et « El ídolo de las Cícladas » (*Final de juego*). Nous trouvons des jeux avec le temps dans « El otro cielo » ainsi que des confusions du rêve et de la réalité dans « Relato con fondo de agua » et « La isla al mediodía » (*Todos los fuegos el fuego*). Cortázar associe également fantastique et politique dans de nombreux récits, mentionnons : « Las armas secretas » (*Las Armas secretas*), « Graffiti » (*Queremos tanto a Glenda*) et « Satarsa » (*Deshoras*).

43. Julio Cortázar, « Notes sur le Gothique vu du Rio de la Plata » in *Le Romantisme noir, Cahiers de L'Herne*, L'Herne, 1978, p. 357.
44. *Ibid.*, p. 261.

CONTINUIDAD DE LOS PARQUES

Había empezado a leer la novela unos días antes. La abandonó por negocios urgentes, volvió a abrirla cuando regresaba en tren a la finca ; se dejaba interesar lentamente por la trama, por el dibujo de los personajes. Esa tarde, después de escribir una carta a su apoderado y discutir con el mayordomo una cuestión de aparcerías, volvió al libro en la tranquilidad del estudio que miraba hacia el parque de los robles. Arrellanado en su sillón favorito, de espaldas a la puerta que lo hubiera molestado como una irritante posibilidad de intrusiones, dejó que su mano izquierda acariciara una y otra vez el terciopelo verde y se puso a leer los últimos capítulos. Su memoria retenía sin esfuerzo los nombres y las imágenes de los protagonistas ; la ilusión novelesca lo ganó casi en seguida. Gozaba del placer casi perverso de irse desgajando línea a línea de lo que lo rodeaba, y sentir a la vez que su cabeza descansaba cómodamente en el terciopelo del alto respaldo, que los cigarrillos seguían al alcance de la mano, que más allá de los ventanales danzaba el aire del atardecer bajo los robles. Palabra a palabra, absorbido por la sórdida disyuntiva de los héroes, dejándose ir hacia las imágenes que se concertaban y adquirían color y movimiento, fue testigo del último encuentro en la cabaña del monte. Primero entraba la mujer, recelosa ; ahora llegaba el amante, lastimada la cara por el chicotazo de una rama. Admirablemente restañaba ella la sangre son sus besos, pero él rechazaba las caricias, no había venido para repetir las ceremonias de una pasión secreta, protegida por un mundo de hojas secas y senderos furtivos. El puñal se entibiaba contra su pecho, y debajo latía la libertad agazapada. Un diálogo anhelante corría por las páginas como un arroyo de serpientes, y se sentía que todo estaba decidido desde siempre. Hasta esas caricias que enredaban el cuerpo del amante como queriendo retenerlo y disuadirlo, dibujaban abominablemente la figura de otro cuerpo que era necesario destruir. Nada había sido olvidado : coartadas, azares, posibles errores. A partir de esa hora cada instante tenía su empleo minuciosamente atribuido. El doble repaso despiadado se interrumpía apenas para que una mano acariciara una mejilla. Empezaba a anochecer.

Sin mirarse ya, atados rígidamente a la tarea que los esperaba, se separaron en la puerta de la cabaña. Ella debía seguir por la senda que iba al norte. Desde la senda opuesta él se volvió un instante para verla correr con el pelo suelto. Corrió a su vez, parapetándose en los árboles y los setos, hasta distinguir en la bruma malva del crepúsculo la alameda que llevaba a la casa. Los perros no debían ladrar, y no ladraron. El mayordomo no estaría a esa hora, y no estaba. Subió los tres peldaños del porche y entró. Desde la sangre galopando en sus oídos le llegaban las palabras de la mujer : primero una sala azul, después una galería, una escalera alfombrada. En lo alto, dos puertas. Nadie en la primera habitación, nadie en la segunda. La puerta del salón, y entonces el puñal en la mano, la luz de los ventanales, el alto respaldo de un sillón de terciopelo verde, la cabeza del hombre en el sillón leyendo una novela.

Julio Cortázar, « Continuidad de los parques » in *Final de juego*, Ediciones B., 1987,

COMMENTAIRE

Estructura

En « Continuidad de los parques », Julio Cortázar traslada paulatinamente al lector del mundo real al mundo fantástico. El cuento se destaca, además, por la ausencia de ruptura o confrontación violenta entre ambos planos.

• *El principio (líneas 1-16)*

El autor sitúa al personaje dentro de un marco real : negocios, estudio, parque de los robles.

• *El medio (líneas 17-33)*

La realidad que rodea al personaje comienza a confundirse con el mundo ficticio de la novela policiaca.

• *El fin (líneas 34-47)*

Este segmento se caracteriza por la fusión completa del plano real (personaje) y el plano ficticio (novela).

Organización temática

El relato se organiza en torno a la situación apacible de un personaje que lee en una novela policiaca los preámbulos de su propia muerte. La trama comprende tres partes cuyos elementos mantienen una estrecha relación entre sí, y donde el protagonista-lector como los personajes de la novela que éste está leyendo se mueven en un mismo contexto espacio-temporal. Se puede decir que a partir del título, y en particular con la palabra « continuidad », Cortázar invita al lector a que descubra las posibles significaciones lúdicas, irónicas e ideológicas que encierra el texto.

Primera parte

En la primera secuencia y como se ha dicho anteriormente, Cortázar ubica al personaje en un plano real. Al mismo tiempo destaca con una serie de **términos connotativos** (« negocios urgentes », « apoderado », « mayordomo », « aparcerías ») su confortable posición social, su pertenencia a un orden aparentemente establecido e inamovible.

En la segunda secuencia, dicho orden se encuentra correlacionado con el sosiego espiritual y físico que la lectura de la novela producen en el personaje. Cortázar desarrolla al respecto un amplio **campo léxico y verbal** : « arrellenado en su sillón favorito », « dejó que su mano izquierda acariciara una y otra vez el terciopelo verde », « gozaba del placer... », « su cabeza descansaba cómodamente », « los cigarrillos seguían al alcance de la mano ». No obstante, dentro de ese orden y tranquilidad hay una serie de indicios — al parecer de escasa importancia — cuya significación es fundamental en la organización de la trama. Estos indicios se hallan en los temores del protagonista ante « una irritante posibilidad de intrusiones » en su estudio, en « la ilusión novelesca (que) lo ganó casi enseguida ». El sillón verde y la llegada del atardecer en el parque de los robles son también importantes elementos de conexión en la composición del cuento.

Segunda parte

Cortázar traslada la acción del plano real al plano de la ficción novelesca. Tanto el lector-personaje como el lector virtual de « Continuidad de los parques » penetra en la historia policiaca. Ésta se compone de dos minisecuencias que, por las características de la acción, se oponen al orden y a la tranquilidad que reina en la primera parte. El autor, tras haber situado a los héroes de la novela en « un mundo de hojas secas y senderos furtivos », recurre a algunos tópicos del *thriller* : la pasión amorosa y la violencia, con el fin de parodiarlo. Para ello, asocia expresiones e imágenes tales como : « sórdida disyuntiva », « recelosa », « chicotazo », « restañaba la sangre con sus besos ».

La segunda secuencia se focaliza en los preparativos de un crimen y en los sentimientos consecuentes que experimentan los amantes. Cortázar se complace aquí en intensificar el suspenso y la pasión de los personajes, entrelazando términos y frases estereotipadas de carácter paródico : « puñal », « libertad agazapada », « diálogo anhelante », « caricias que enredaban el cuerpo del amante », « repaso despiadado » (del plan), « acariciara una mejilla ». Cabe notar que las caricias de la mujer recuerdan las caricias del lector-personaje sobre el sillón de terciopelo verde.

La segunda parte concluye con una información esencial en cuanto a la organización de los **planos espacio-temporales**. La frase « empezaba a anochecer » establece un puente entre « el atardecer bajo los robles » (primera parte) y « la bruma malva del crepúsculo », los árboles, setos y alamedas que sirven de marco al desenlace de la novela y al desenlace del cuento.

Tercera parte

El universo real de la primera parte y el universo ficticio de la segunda fusionan aquí a todos los niveles, creando una situación totalmente fantástica. Tranquilidad y pasión, inmovilidad y acción, orden y desorden convergen hacia un único plano. Como en la segunda parte, el autor se sirve de lugares comunes, ya sea con respecto a los personajes : « él se volvió un instante para verla correr con el pelo suelto », ya sea con respecto a la construcción del enigma : « los perros no debían ladrar y no ladraron », « el mayordomo no estaría a esa hora, y no estaba ». La alusión al mayordomo introduce la última secuencia del relato e indica, gracias a su inesperada reaparición y a la reaparición de algunos elementos presentes en la primera parte (ventanales, sillón verde, hombre leyendo una novela), la fusión del plano real y el plano ficticio. Cabe recalcar que Cortázar, al señalar que la mujer (la amante) conocía perfectamente la casa, deja entender, no sin ironía, que se trata de la esposa del protagonista-lector.

COMPOSICIÓN DEL RELATO

Primera parte	Segunda parte	Tercera parte
lectura	lectura	lectura
tranquilidad	agitación	crimen
atardecer	anochecer	crepúsculo
parque	parque	parque
REALIDAD	FICCIÓN	FANTÁSTICO
CONTINUIDAD DE LOS PARQUES →		

Características del relato

Como en muchos de sus cuentos, Cortázar emplea aquí algunas de las técnicas recurrentes del género : irrupción de lo irreal en un mundo real, ruptura de la coherencia universal por medio de acontecimientos sobrenaturales, traspaso de identidades y desdoblamientos. « Axolotl », « La noche boca arriba » (*Final de juego*), « Lejana » (*Las Armas secretas*) contienen esos diferentes modos de representación. Sin embargo, en « Continuidad de los parques » los hechos normales y anormales ocurren, como se ha visto, en un mismo plano espacio-temporal que suprime las barreras entre lo verosímil e inverosímil. El texto se distingue no sólo por la contigüidad de mundos opuestos sino también por su carácter lúdico[45]. Cortázar juega con el lector de la ficción policiaca y con el lector de su propia ficción. Existe, en efecto, una ***mise en abyme*** del texto y de la lectura. Sin embargo, el juego no es gratuito. Por una parte, el autor aprovecha para denunciar, con un texto perfectamente elaborado, los subterfugios de las malas novelas del género policial (perros que no ladran, mayordomo ausente) y, por otra, para instaurar una duda o inquietud en la « realidad » del lector. En este sentido, « Continuidad de los parques » es un buen ejemplo de literatura neofantástica, puesto que el autor no busca infundir miedo o aterrorizar. Tampoco pretende convencer al lector de la veracidad del fenómeno

45. El texto forma parte del segundo tomo de *Los Relatos* publicado bajo el título de *Juegos*, Julio Cortázar, Alianza, 1976.

sobrenatural, como en el caso de Leopoldo Lugones con « Yzur ». Los artificios narrativos de Cortázar encierran objetivos críticos.

Fantástico y realidad

El análisis del texto muestra que el relato se construye según un proceso cuyo movimiento nace de una realidad burguesa donde impera el orden establecido entre los seres y las cosas, pasa por un texto de ficción cuyo aspecto más sobresaliente es la pasión amorosa y el crimen, y culmina con una situación completamente inverosímil donde realidad e irrealidad coinciden y desaparecen al mismo tiempo. No obstante, el lector es víctima de un fenómeno fantástico, de un desplazamiento inquietante. Cortázar subordina el mundo coherente y natural del protagonista-lector a la ficción, a lo aparentemente irreal. Esta transgresión del orden establecido podría interpretarse como una toma de posición ideológica que intenta subvertir las normas sociales (dinero-negocios), políticas (clases) y culturales (literatura comercial). Al mismo tiempo, el escritor cuestiona los esquemas racionales del mundo contemporáneo y la noción misma de realidad. Basta recordar que Cortázar no establece barreras ni hace distinciones entre lo real y lo fantástico (véase Les écrivains face au réel).

« Continuidad de los parques » puede considerarse también como una metáfora de las ideas que expone Jorge Luis Borges en su artículo « Magias parciales del *Quijote* » (1952) : « Si los caracteres de una ficción pueden ser lectores o espectadores, nosotros, sus lectores o espectadores, podemos ser ficticios[46] ».

8. JUAN RULFO

Juan Rulfo est né à Apulco (Jalisco) en 1918 et mort dans la ville de Mexico en 1986. Écrivain peu prolifique, il a publié un recueil de nouvelles : *El Llano en llamas* (1953), un court roman : *Pedro Páramo* (1955) ainsi qu'un scénario de film : *El Gallo de oro* (1964). Malgré cette

46. Jorge Luis Borges, *Otras inquisiciones*, Alianza, 1989, p. 55.

production restreinte, l'œuvre de Juan Rulfo jouit aujourd'hui de la renommée internationale.

La plupart des récits regroupés dans *El Llano en llamas* ont été écrits entre 1945 et 1951 et publiés dans les revues *Pan* (Guadalajara) et *América* (Mexico). Bien que ces textes marquent une rupture avec le réalisme des générations précédentes (*costumbrismo*, naturalisme, *criollismo*, indigénisme), on ne peut pas, à l'exception de « Luvina »[47] (voir commentaire) les qualifier de fantastiques. Chez Rulfo, du reste, le subjectif et l'objectif sont indiscernables.

C'est avec *Pedro Páramo* que Juan Rulfo crée un univers étrange où le réel et l'irréel s'amalgament fréquemment. Il y a dans ce roman plusieurs éléments structurels et thématiques propres au fantastique. Aussi bien par sa construction (absence de chapitres et d'indices spatio-temporels précis) que par les dialogues constants entre morts et vivants, Rulfo introduit le lecteur dans un monde peuplé de fantômes et situé hors du temps. Il y a également des métamorphoses étranges : un revenant transformé en chat, des morts qui conversent dans les tombeaux, ainsi que des références aux mythes grecs, aztèques et mayas.

À propos de son œuvre, Juan Rulfo affirme avoir été influencé par les écrivains scandinaves, entre autres les Norvégiens Gunnar Björson (1832-1910), Knut Hamsun (1859-1952) et la Suédoise Selma Lagerlöf (1858-1940). Ce qui l'attire le plus dans la littérature nordique est la représentation d'une réalité brumeuse, sans ligne de démarcation précise[48]. Dans l'œuvre narrative de Rulfo, le fantastique est associé à une vision obscure et souvent fataliste de la réalité mexicaine : manque de communication entre les êtres, solitude, violence, misère sociale et morale. La perfection et le style de ses récits sont peut-être les seuls indices d'espoir.

47. Roger Caillois inclut « Luvina » dans son *Anthologie du fantastique, op. cit.*, tome 2, pp. 275-284.
48. « Juan Rulfo examina su narrativa » in Juan Rulfo, *Toda la obra*, Colección Archivos, 1992, p. 876.

LUVINA

De los cerros altos del sur, el de Luvina es el más alto y el más pedregoso. Está plagado de esa piedra gris con la que hacen la cal, pero en Luvina no hacen cal con ella ni le sacan ningún provecho. Allí la llaman piedra cruda, y la loma que sube hacia Luvina la nombran cuesta de la Piedra Cruda. El aire y el sol se ha encargado de desmenuzarla, de modo que la tierra de por allí es blanca y brillante como si estuviera rociada siempre por el rocío del amanecer ; aunque esto es un puro decir, porque en Luvina los días son tan fríos como las noches y el rocío se cuaja en el cielo antes que llegue a caer sobre la tierra.

...Y la tierra es empinada. Se desgaja por todos lados en barrancas hondas, de un fondo que se pierde de tan lejano. Dicen los de Luvina que de aquellas barrancas suben los sueños ; pero yo lo único que vi subir fue el viento, en tremolina, como si allá abajo lo tuvieran encañonado en tubos de carrizo. Un viento que no deja crecer ni a las dulcamaras : esas plantitas tristes que apenas si pueden vivir un poco untadas a la tierra, agarradas con todas sus manos al despeñadero de los montes. Sólo a veces, allí donde hay un poco de sombra, escondido entre las piedras, florece el chicalote[49] con sus amapolas blancas. Pero el chicalote pronto se marchita. Entonces uno lo oye rasguñando el aire con sus ramas espinosas, haciendo un ruido como el de un cuchillo sobre una piedra de afilar.

— Ya mirará usted ese viento que sopla sobre Luvina. Es pardo. Dicen que porque arrastra arena de volcán ; pero lo cierto es que es un aire negro. Ya lo verá usted. Se planta en Luvina prendiéndose de las cosas como si las mordiera. Y sobran días en que se lleva el techo de las casas como si se llevara un sombrero de petate, dejando los paredones lisos, descobijados. Luego rasca como si tuviera uñas : uno lo oye a mañana y tarde, hora tras hora, sin descanso, raspando las paredes, arrancando tecatas[50] de tierra, escarbando con su pala picuda por debajo de las puertas, hasta sentirlo bullir dentro de uno como si se pusiera a remover los goznes de nuestros mismos huesos. Ya lo verá usted.

---

49. *chicalote* ; planta de tallo espinoso.
50. *tecatas* : cuajos.

El hombre aquel que hablaba se quedó callado un rato, mirando hacia afuera.

Hasta ellos llegaban el sonido del río pasando sus crecidas aguas por las ramas de los camichines ; el rumor del aire moviendo suavemente las hojas de los almendros, y los gritos de los niños jugando en el pequeño espacio iluminado por la luz que salía de la tienda.

Los comejenes[51] entraban y rebotaban contra la lámpara de petróleo, cayendo al suelo con las alas chamuscadas.

Y fuera seguía avanzando la noche.

— ¡ Oye, Camilo, mándanos otras dos cervezas ! — volvió a decir el hombre. Después añadió :

— Otra cosa, señor. Nunca verá usted un cielo azul en Luvina. Allí todo el horizonte está desteñido ; nublado siempre por una mancha caliginosa que no se borra nunca. Todo el lomerío pelón, sin un árbol, sin una cosa verde para descansar los ojos ; todo envuelto en el calín[52] ceniciento. Usted verá eso : aquellos cerros apagados como si estuvieran muertos y a Luvina en el más alto, coronándolo con su blanco caserío como si fuera una corona de muerto…

Los gritos de los niños se acercaron hasta meterse dentro de la tienda. Eso hizo que el hombre se levantara, fuera hacia la puerta y les dijera : « ¡ Váyanse más lejos ! ¡ No interrumpan ! Sigan jugando, pero sin armar alboroto. »

Luego, dirigiéndose otra vez a la mesa, se sentó y dijo :

— Pues sí, como le estaba diciendo. Allá llueve poco. A mediados de año llegan unas cuantas tormentas que azotan la tierra y la desgarran, dejando nada más el pedregal flotando encima del tepetate. Es bueno ver entonces cómo se arrastran las nubes, cómo andan de un cerro a otro dando tumbos como si fueran vejigas infladas ; rebotando y pegando de truenos igual que si se quebraran en el filo de las barrancas. Pero después de diez o doce días se van y no regresan sino al año siguiente, y a veces se da el caso de que no regresan en varios años.

«… Sí, llueve poco. Tan poco o casi nada, tanto que la tierra, además de estar reseca y achicada como cuero viejo, se ha llenado de rajaduras y de esa cosa que allí llaman "pasojos de agua", que no son sino terrones

---

51. *comejenes* : como mosquitos (nocturnos), que van a la luz.
52. *calín* : el aire caliginoso.

endurecidos como piedras filosas, que se clavan en los pies de uno al caminar, como si allí hasta a la tierra le hubieran crecido espinas. Como si así fuera. »

Bebió la cerveza hasta dejar sólo burbujas de espuma en la botella y siguió diciendo :

— Por cualquier lado que se le mire, Luvina es un lugar muy triste. Usted que va para allá se dará cuenta. Yo diría que es el lugar donde anida la tristeza. Donde no se conoce la sonrisa, como si a toda la gente le hubieran entablado la cara. Y usted, si quiere puede ver esa tristeza a la hora que quiera. El aire que allí sopla la revuelve, pero no se la lleva nunca. Está allí como si allí hubiera nacido. Y hasta se puede probar y sentir, porque está siempre encima de uno, apretada contra de uno, y porque es oprimente como una gran cataplasma sobre la viva carne del corazón.

«… Dicen los de allí que cuando llena la luna, ven de bulto la figura del viento recorriendo las calles de Luvina, llevando a rastras una cobija negra ; pero yo siempre lo que llegué a ver, cuando había luna en Luvina, fue la imagen del desconsuelo… siempre.

» Pero tómese su cerveza. Veo que no le ha dado ni siquiera una probadita. Tómesela. O tal vez no le guste así tibia como está. Y es que aquí no hay de otra. Yo sé que así sabe mal ; que agarra un sabor como a meados de burro. Aquí uno se acostumbra. A fe que allá ni siquiera esto se consigue. Cuando vaya a Luvina la extrañará. Allí no podrá probar sino un mezcal[53] que ellos hacen con una yerba llamada hojasé, y que a los primeros tragos estará usted dando de volteretas como si lo chacamotearan[54]. Mejor tómese su cerveza. Yo sé lo que le digo. »

Allá afuera seguía oyéndose el batallar del río. El rumor del aire. Los niños jugando. Parecía ser aún temprano, en la noche.

El hombre se había ido a asomar una vez más a la puerta y había vuelto. Ahora venía diciendo :

— Resulta fácil ver las cosas desde aquí, meramente traídas por el recuerdo, donde no tienen parecido ninguno. Pero a mí no me cuesta ningún trabajo seguir hablándole de lo que sé, tratándose de Luvina. Allá viví. Allá dejé la vida… Fui a ese lugar con mis ilusiones cabales y volví viejo y acabado. Y ahora usted va para allá… Está bien. Me parece

53. *mezcal* : aguardiente que se saca del maguey, de las pitas o cactus.
54. *chacamotear* : zarandear.

recordar el principio. Me pongo en su lugar y pienso... Mire usted, cuando yo llegué por primera vez a Luvina... ¿ Pero me permite antes que me tome su cerveza ? Veo que usted no le hace caso. Y a mí me sirve de mucho. Me alivia. Siento como si me enjuagaran la cabeza con aceite alcanforado... Bueno, le contaba que cuando llegué por primera vez a Luvina, el arriero que nos llevó no quiso dejar ni siquiera que descansaran las bestias. En cuanto nos puso en el suelo, se dio media vuelta :

« — Yo me vuelvo — nos dijo.

» — Espera, ¿ no vas a dejar sestear tus animales ? Están muy aporreados.

» — Aquí se fregarían más — nos dijo —. Mejor me vuelvo.

» Y se fue, dejándose caer por la cuesta de la Piedra Cruda, espoleando sus caballos como si se alejara de algún lugar endemoniado.

» Nosotros, mi mujer y mis tres hijos, nos quedamos allí, parados en mitad de la plaza, con todos nuestros ajuares en los brazos. En medio de aquel lugar donde sólo se oía el viento...

» Una plaza sola, sin una sola yerba para detener el aire. Allí nos quedamos.

» Entonces yo le pregunté a mi mujer :

» — ¿ En qué país estamos, Agripina ?

» Y ella se alzó de hombros.

» — Bueno, si no te importa, ve a buscar dónde comer y dónde pasar la noche. Aquí te aguardamos — le dije.

» Ella agarró al más pequeño de sus hijos y se fue. Pero no regresó.

» Al atardecer, cuando el sol alumbraba sólo las puntas de los cerros, fuimos a buscarla. Anduvimos por los callejones de Luvina, hasta que la encontramos metida en la iglesia : sentada mero en medio de aquella iglesia solitaria, con el niño dormido entre sus piernas.

» — ¿ Qué haces aquí, Agripina ?

» — Entré a rezar — nos dijo.

» — ¿ Para qué ? — le pregunté yo.

» Y ella se alzó de hombros.

» Allí no había a quién rezarle. Era un jacalón[55] vacío, sin puertas, nada más con unos socavones abiertos y un techo resquebrajado por donde se colaba el aire como por un cedazo.

» — ¿ Dondé está la fonda ?

---

55. *jacalón* : barracón.

» — No hay ninguna fonda,

» — ¿ Y el mesón ?

» — No hay ningún mesón

» — ¿ Viste a alguien ? ¿ Vive alguien aquí ? — le pregunté.

» — Sí, allá enfrente… Unas mujeres… Las s go viendo. Mira, allí tras las rendijas de esa puerta veo brillar los ojos que nos miran… Han estado asomándose para acá… Míralas. Veo las bolas brillantes de sus ojos… Pero no tienen qué darnos de comer. Me dijeron sin sacar la cabeza que en este pueblo no había de comer… Entonces entré aquí a rezar a pedirle a Dios por nosotros.

» — ¿ Por qué no regresaste allí ? Te estuvimos esperando.

» — Entré aquí a rezar. No he terminado todavía.

» — ¿ Qué país es éste, Agripina ?

» Y ella volvió a alzarse de hombros.

» Aquella noche nos acomodamos para dormir en un rincón de la iglesia, detrás del altar desmantelado. Hasta allí llegaba el viento, aunque un poco menos fuerte. Lo estuvimos oyendo pasar por encima de nosotros, con sus largos aullidos ; lo estuvimos oyendo entrar y salir por los huecos socavones de las puertas ; golpeando con sus manos de aire las cruces del viacrucis : unas cruces grandes y duras hechas con palo de mezquite que colgaban de las paredes a todo lo largo de la iglesia, amarradas con alambres que rechinaban a cada sacudida del viento como si fuera un rechinar de dientes.

» Los niños lloraban porque no los dejaba dormir el miedo. Y mi mujer, tratando de retenerlos a todos entre sus brazos. Abrazando su manojo de hijos. Y yo allí, sin saber qué hacer.

» Poco antes del amanecer se calmó el viento. Después regresó. Pero hubo un momento en esa madrugada en que todo se quedó tranquilo, como si el cielo se hubiera juntado con la tierra, aplastando los ruidos con su peso… Se oía la respiración de los niños ya descansada. Oía el resuello de mi mujer ahí a mi lado :

» — ¿ Qué es ? — me dijo.

» — ¿ Qué es qué ? — le pregunté.

» — Eso, el ruido ese.

» — Es el silencio. Duérmete. Descansa, aunque sea un poquito, que ya va a amanecer.

» Pero al rato oí yo también. Era como un aletear de murciélagos en la oscuridad, muy cerca de nosotros. De murciélagos de grandes alas que rozaban el suelo. Me levanté y se oyó el aletear más fuerte, como si la parvada de murciélagos se hubiera espantado y volara hacia los agujeros de las puertas. Entonces caminé de puntillas hacia allá, sintiendo delante de mí aquel murmullo sordo. Me detuve en la puerta y las vi. Vi a todas las mujeres de Luvina con su cántaro al hombro, con el rebozo colgado de su cabeza y sus figuras negras sobre el negro fondo de la noche.

» — ¿ Qué quieren ? — les pregunté —. ¿ Qué buscan a estas horas ?

» Una de ellas respondió :

» — Vamos por agua.

» Las vi paradas frente a mí, mirándome. Luego, como si fueran sombras, echaron a caminar calle abajo con sus negros cántaros.

» No, no se me olvidará jamás esa primera noche que pasé en Luvina.

»... ¿ No cree usted que esto se merece otro trago ? Aunque sea nomás para que se me quite el mal sabor del recuerdo. »

— Me parece que usted me preguntó cuántos años estuve en Luvina, ¿ verdad... ? La verdad es que no lo sé. Perdí la noción del tiempo desde que las fiebres me lo enrevesaron ; pero debió haber sido una eternidad... Y es que allá el tiempo es muy largo. Nadie lleva la cuenta de las horas ni a nadie le preocupa cómo van amontonándose los años. Los días comienzan y se acaban. Luego viene la noche. Solamente el día y la noche hasta el día de la muerte, que para ellos es una esperanza.

« Usted ha de pensar que le estoy dando vueltas a una misma idea. Y así es, sí señor... Estar sentado en el umbral de la puerta, mirando la salida y la puesta del sol, subiendo y bajando la cabeza, hasta que acaban aflojándose los resortes y entonces todo se queda quieto, sin tiempo, como si se viviera siempre en la eternidad. Eso hacen allí los viejos.

» Porque en Luvina sólo viven los puros viejos y los que todavía no han nacido, como quien dice... Y mujeres sin fuerzas, casi trabadas de tan flacas. Los niños que han nacido allí se han ido... Apenas les clarea el alba y ya son hombres. Como quien dice, pegan el brinco del pecho de la madre al azadón y desaparecen de Luvina. Así es allí la cosa.

» Sólo quedan los puros viejos y las mujeres solas, o con un marido que anda donde sólo Dios sabe dónde... Vienen de vez en cuando como las tormentas de que le hablaba ; se oye un murmullo en todo el pueblo cuando regresan y uno como gruñido cuando se van... Dejan el costal del bastimento para los viejos y plantan otro hijo en el vientre de sus mujeres, y ya nadie vuelve a saber de ellos sino al año siguiente, y a veces nunca... Es la costumbre. Allí le dicen la ley pero es lo mismo. Los hijos se pasan la vida trabajando para los padres como ellos trabajaron para los suyos y como quién sabe cuántos atrás de ellos cumplieron con su ley...

» Mientras tanto, los viejos aguardan por ellos y por el día de la muerte, sentados en sus puertas, con los brazos caídos, movidos sólo por esa gracia que es la gratitud del hijo... Solos, en aquella soledad en Luvina.

» Un día traté de convencerlos de que se fueran a otro lugar, donde la tierra fuera buena. "¡ Vámonos de aquí ! — les dije —. No faltará modo de acomodarnos en alguna parte. El gobierno nos ayudará."

» Ellos me oyeron, sin parpadear, mirándome desde el fondo de sus ojos de los que sólo se asomaba una lucecita allá muy adentro.

» — ¿ Dices que el gobierno nos ayudará, profesor ? ¿ Tú no conoces al gobierno ?

» Les dije que sí.

» — También nosotros lo conocemos. Da esa casualidad. De lo que no sabemos nada es de la madre del gobierno.

» Yo les dije que era la Patria. Ellos movieron la cabeza diciendo que no. Y se rieron. Fue la única vez que he visto reír a la gente de Luvina. Pelaron sus dientes molenques[56] y me dijeron que no, que el gobierno no tenía madre.

» Y tienen razón, ¿ sabe usted ? El señor ese sólo se acuerda de ellos cuando alguno de sus muchachos ha hecho alguna fechoría acá abajo. Entonces manda por él hasta Luvina y se lo matan. De ahí en más no saben si existe.

» — Tú nos quieres decir que dejemos Luvina porque, según tú, ya estuvo bueno de aguantar hambres sin necesidad — me dijeron —. Pero si nosotros nos vamos, ¿ quién se llevará a nuestros muertos ? Ellos viven aquí y no podemos dejarlos solos.

» Y allá siguen. Usted los verá ahora que vaya. Mascando bagazos de mezquite[57] seco y tragándose su propia saliva para engañar el hambre.

---

56. *molenques* : destartalados.
57. *mezquite* : árbol parecido a la acacia.

Los mirará pasar como sombras, repegados al muro de las casas, casi arrastrados por el viento.

» — ¿ No oyen ese viento ? — les acabé por decir —. Él acabará con ustedes.

» — Dura lo que debe de durar. Es el mandato de Dios — me contestaron —. Malo cuando deja de hacer aire. Cuando eso sucede, el sol se arrima mucho a Luvina y nos chupa la sangre y la poca agua que tenemos en el pellejo. El aire hace que el sol se esté allá arriba. Así es mejor.

» Ya no les volví a decir nada. Me salí de Luvina y no he vuelto ni pienso regresar.

»... Pero mire las maromas[58] que da el mundo. Usted va para allá ahora, dentro de pocas horas. Tal vez ya se cumplieron quince años que me dijeron a mí lo mismo : "Usted va a ir a San Juan Luvina." En esa época tenía yo mis fuerzas. Estaba cargado de ideas... Usted sabe que a todos nosotros nos infunden ideas. Y uno va con esa plasta encima para plasmarla en todas partes. Pero en Luvina no cuajó eso. Hice el experimento y se deshizo...

» San Juan Luvina. Me sonaba a nombre de cielo aquel nombre. Pero aquello es el purgatorio. Un lugar moribundo donde se han muerto hasta los perros y ya no hay ni quien le ladre al silencio ; pues en cuanto uno se acostumbra al vendaval que allí sopla, no se oye sino el silencio que hay en todas las soledades. Y eso acaba con uno. Míreme a mí. Conmigo acabó. Usted que va para allá comprenderá pronto lo que le digo...

» ¿ Qué opina usted si le pedimos a este señor que nos matice unos mezcalitos ? Con la cerveza se levanta uno a cada rato y eso interrumpe mucho la plática. ¡ Oye, Camilo, mándanos ahora unos mezcales !

» Pues sí, como le estaba yo diciendo... »

Pero no dijo nada. Se quedó mirando un punto fijo sobre la mesa donde los comejenes ya sin sus alas rondaban como gusanitos desnudos.

Afuera seguía oyéndose cómo avanzaba la noche. El chapoteo del río contra los troncos de los camichines. El griterío ya muy lejano de los niños. Por el pequeño cielo de la puerta se asomaban las estrellas.

El hombre que miraba a los comejenes se recostó sobre la mesa y se quedó dormido.

Juan Rulfo, « Luvina » in *El llano en llamas*, Cátedra, 1993, © Clara Aparicio de Rulfo.

---

58. *maromas* : vueltas (de campana).

COMMENTAIRE

Estructura

À partir de una **focalización omnisciente** y otra **interna**, el cuento presenta una estructura espacial basada en la alternancia « arriba » (Luvina) y « abajo » (la tienda). Dicha alternancia enmarca un proceso temporal cuya característica reside en vincular de manera cíclica el presente y el pasado. Por otra parte, el texto mantiene una ambigüedad semántica con respecto a las descripciones y vivencias del narrador. Luvina aparece a la vez como un pueblo real y fantasmagórico.

• *El principio (líneas 1-91)*

En este primer segmento prevalece la descripción realista de Luvina y su entorno natural (aridez y viento). Sin embargo, existen indicios que van introduciendo al lector en un mundo extraño. La comparación del pueblo a « una corona de muerto » y la figura del viento « llevando a rastras una cobija negra » hacen que el lugar adquiera un aspecto misterioso e inquietante.

• *El medio (líneas 92-186)*

La actitud del arriero, que no desea entrar en el pueblo, la soledad de la plaza, el ruido del viento, así como los ojos brillantes de las mujeres escondidas preparan el surgimiento de un mundo extraño y fantasmagórico dentro de la iglesia.

• *El fin (líneas 187-272)*

En la última parte del relato lo extraño y lo real se confunden. La presentación de seres que viven atados a los muertos y que andan desplazándose « como sombras » o « arrastrados por el viento » mantienen al lector en un universo de profunda extrañeza. Al mismo tiempo, las alusiones a la emigración forzada de los jóvenes, al gobierno y a la patria son referencias extratextuales que apuntan directamente a la realidad mexicana.

Organización temática

En este cuento predominan dos elementos temáticos esenciales : la naturaleza y los habitantes de Luvina. Ambos se encuentran estrechamente vinculados con la representación fantasmagórica del pueblo en la parte central (el medio). El texto se organiza según dos **paradigmas** : vida y muerte. Tanto uno como el otro se correlacionan con los modos de visión y la **estructura espacial** del texto.

Naturaleza	
Visión omnisciente	**Visión interna**
Abajo (río)	**Arriba** (cerros)
Vida	**Muerte**
crecidas aguas	piedra cruda
rumor del viento	aullidos (viento)
ramas camichines	plantitas tristes
almendros	chicalotes (espinas)
cielo estrellado	cielo nublado
Sociedad	
riqueza	pobreza
niños	viejos
grito de los niños	silencio
niños jugando (alegría)	tristeza
luz	oscuridad
tienda	no hay fonda
compañía	soledad
movilidad	inmovilidad

Estas oposiciones muestran que la naturaleza es el principal factor que provoca la desolación de Luvina y condiciona el comportamiento de sus habitantes. La acción destructora de los elementos naturales irá adquiriendo poco a poco dimensiones fantásticas. Así, el viento presenta rasgos tenebrosos e inquietantes. En primer lugar, Rulfo personifica o animaliza su acción : « prendiéndose de las cosas como si las mordiera », « rasca como si tuviera uñas », « golpeando con sus manos de aire », « largos aullidos ». En segundo lugar aparece asociado al color negro : « es un aire negro », « llevando a rastras una cobija negra ». La imagen extraña del viento coincide con las visiones y sensaciones nocturnas que tiene el personaje en la iglesia del pueblo : « Las cruces rechinaban como si fuera un rechinar de dientes », « era como un aletear de murciélagos en la oscuridad ». La comparación de las mujeres (« figuras negras sobre el negro fondo de la noche ») con murciélagos aparece como el punto culminante de la representación fantástica de Luvina.

El mundo oscuro y desolado que describe el narrador tiene connotaciones simbólicas de carácter mítico-religioso. Nadie ignora que la religión cristiana considera el color negro como símbolo de la muerte (duelo) y que el diablo es el símbolo de la oscuridad que se opone a la luz de Dios. Para los Aztecas, el Norte Negro representa el infierno. Asimismo, Mictlantecuhtli reina en el mundo subterráneo de los muertos y aparece representado con una araña, un búho y un murciélago. Según el *Popol-Vuh*, la « casa de los murciélagos », especie de purgatorio maya, es la región subterránea por la cual se debe transitar antes de alcanzar la morada de la muerte. Por otra parte, los Aztecas asociaban el paraíso a Tlaloc, dios de la lluvia y a fertilidad. Algunos frescos representan el paraíso (Tlalocan) con gente jugando y saltando. El agua, los juegos y el movimiento evocan el marco exterior de la tienda : río, niños que juegan, alboroto.

El análisis de la organización temática muestra que « Luvina » presenta un universo ambivalente donde la diabolización de la naturaleza, el sincretismo religioso y el aspecto fantasmal de los habitantes confunden las fronteras entre la vida (realidad) y la muerte (irrealidad) y oponen la imagen del infierno a la del paraíso.

Características del relato

La ambivalencia temática de « Luvina » coexiste con la ambivalencia del **discurso narrativo**. El lector ignora si el locutor dialoga o monologa, puesto que el interlocutor permanece en la penumbra. Se puede suponer que el hombre se dirige a un ser fantasmal, o acaso se desdobla y habla consigo mismo, con aquel joven que muchos años antes había ido a Luvina. Además, el discurso obsesivo del hombre (menciona veintinueve veces la palabra Luvina) hace que el universo irreal del pueblo aparezca como un recuerdo alucinante. El sujeto se apodera del objeto para transformarlo en una metáfora del infierno y de la muerte, y para definirse a sí mismo como un muerto viviente más : « Allá viví. Allá dejé la vida ».

La visión fantasmagórica del personaje se asemeja a la del narrador de « Huitzilopoxtli » de Rubén Darío y a la de numerosas narraciones fantásticas. Además, « Luvina » prefigura el pueblo de Comala, escenario principal de *Pedro Páramo*, y evoca el mundo fantástico y maravilloso de Macondo en *Cien años de soledad* de Gabriel García Márquez.

Con respecto al género fantástico, el cuento presenta elementos característicos de la literatura gótica inglesa. El pueblo mexicano se asemeja a los castillos malditos, poblados de fantasmas y aullidos. La iglesia desolada remite a los edificios en ruinas y a las capillas con sus corredores oscuros y tenebrosos. « Luvina » podría ser una versión moderna de la novela de Horace Walpole (1717-1797), « Le château d'Otrante » (1764) o de la obra de Matthew Lewis (1775-1818), *Le moine* (1795). No obstante, existe una diferencia fundamental respecto a los contenidos simbólicos. Como lo explica Roger Bozzeto : « Le gothique impose [...] une remise en ordre, par la divinité, de ce qui a été subverti un moment par le mal. L'horreur a été présentée, mais elle est chassée, l'ordre revient[59]. » En Luvina el mal se impone. El pueblo, la iglesia y los hombres han sido devastados por la naturaleza y el olvido.

Fantástico y realidad

Como en otros cuentos de *El Llano en llamas*, Rulfo denuncia la indiferencia del gobierno para con los campesinos y aldeanos de las zonas pobres de México. Como en otros cuentos también, los personajes permanecen inmóviles e incomunicados, sometidos por la naturaleza y el gobierno a un destino cíclico e infernal. En el universo de Rulfo las cosas se desintegran al mismo tiempo que se desintegra el mundo

59. Roger Bozzeto, « Reflets de villes dans le désert : de Lovecraft à Borges » in *Otrante* (La ville fantastique), numéro 3, juin 1992, p. 58.

íntimo del individuo. En San Juan Luvina no hay camino de salvación. El « altar desmantelado » y los « huecos socavones » de la extraña y sombría iglesia muestran que para Rulfo la religión es inoperante. El mal (el viento) y la muerte lo contaminan todo : « Las cruces del viacrucis [...] rechinaban a cada sacudida del viento como si fuera un rechinar de dientes ». Y detrás de esa visión infernal y alucinante de la realidad, Rulfo deja vislumbrar la imagen de un paraíso perdido.

I 2 espaces arriba / abajo

⟹ Présenta° d'1 village fantasmagoriq

qui s'oppose à l'activité

autour de la tienda 2E réalistes

⟹ réalité mexicaine

II ⟹ mort & mal hantent Luvina

village fantôme

vent = animal & mal plus de dieu

mort omniprésente dédalo°

monde détruit

pt culminant = vieilles femmes

surréalisme

+ discours narratif ambigu

monologue ou dialogue

III Ambiguïté réel / irréel

Est-ce un mort qui parle ?

Allá viví allá dejé la vida

GLOSSAIRE

agnostique (*agnóstico*) : qui appartient à l'agnosticisme ; doctrine philosophique qui déclare inaccessible toute notion de l'absolu par la connaissance humaine et considère que toute métaphysique est inutile ou relative.

allégorie (*alegoría*) : procédé de substitution qui se construit par une succession de tropes, le plus souvent des métaphores. Figure qui par sa représentation permet une double lecture (sens littéral et sens figuré).

anthropocentrisme (*antropocentrismo*) : doctrine ou théorie qui considère l'homme comme étant le centre du monde.

champ sémantique (*campo semántico*) : dans une analyse lexicale, ce terme désigne l'ensemble des signifiés qui, dans un texte, renvoient à un même domaine.

connotation (*connotación*) : valeurs d'un terme ou d'une expression en dehors de sa signification première (dénotation) ou communément admise. La dénotation réunit les traits spécifiques et génériques d'un signifié, traits communs à toute une communauté linguistique. La connotation réunit les traits virtuels qu'un individu (ou groupe d'individus) peut y adjoindre.

diachronique (*diacrónico*) : de « diachronie » : étude ou approche des phénomènes historiques ou autres d'après leur évolution dans le temps.

focalisation (*focalización*) : point de vue adopté par le narrateur. Il y a trois types de focalisation : focalisation « zéro » (narrateur omniscient), focalisation interne (vision avec) et focalisation externe (vision du dehors).

gothique (*gótico*) : mouvement littéraire anglais de la fin du XVIIIe et début du XIXe siècle. Le gothique ou roman noir est une des premières manifestations du fantastique en littérature. Ann Radcliffe, Horace Walpole, Matthew Lewis, Charles Robert Maturin sont les écrivains d'un univers peuplé de châteaux et d'abbayes en ruine, de couloirs et souterrains inquiétants. Les fantômes, les vampires et les revenants font partie également de ce monde où règnent la peur et l'horreur.

inductif (*inductivo*) : d'« induction » : généralisation d'une observation, d'une expérience ou d'un raisonnement établi à partir d'un phénomène particulier.

isotopie (*isotopía*) : dans une analyse sémantique, ce terme désigne l'ensemble des mots qui s'apparentent par leur signification, leur morphologie ou leur sonorité et constituent un réseau ou un système cohérent.

kabbale (*cábala*) : dans la tradition juive, méthode d'interprétation mystique et symbolique de l'Ancien Testament.

mise en abyme : multiplication, souvent à l'infini, d'une image, d'une situation, etc.

motif (*motivo*) : dans l'analyse sémantique des textes, le motif renvoie à une unité de sens inférieure par rapport au thème principal.

paradigme (*paradigma*) : exemple, modèle. En linguistique, ensemble des unités entretenant entre elles un rapport de substitution : *perro / gato / caballo* (lexique) // *canto / cantas / canta* (grammaire). Chaque élément est en relation sémantique d'opposition avec les autres. Tous les éléments du paradigme sont inclus dans une définition commune (par exemple : les animaux domestiques // le présent de l'indicatif, etc.).

pythagorisme (*pitagorismo*) : doctrine du philosophe et mathématicien grec Pythagore (VIe siècle avant J.-C.) selon laquelle les nombres sont le principe et la source de toutes choses.

syllogisme (*silogismo*) : raisonnement composé de trois propositions : la majeure (l'attribut de la conséquence), la mineure (en contient le sujet) et la conclusion (la conséquence). Exemple : Tous les hommes sont mortels [majeure] ; or, Pierre est un homme [mineure] ; donc Pierre est mortel [conclusion].

synchronique (*sincrónico*) : se dit des phénomènes qui s'accomplissent en même temps. Perspective synchronique : en linguistique, étude des faits linguistiques en dehors de leur évolution historique.

syncrétisme (*sincretismo*) : fusion de plusieurs systèmes religieux ou culturels.

taxinomie (*taxonomía*) : théorie de la classification.

théosophie (*teosofía*) : doctrine qui se fonde sur l'intuition ou l'illumination pour accéder à la connaissance des choses spirituelles. Spéculation de certains illuminés qui prétendent entrer en communication avec la Divinité.

BIBLIOGRAPHIE

1. Ouvrages théoriques

ANDERSON IMBERT Enrique, *El Realismo mágico y otros ensayos*, Caracas, Monte Ávila, 1976. Définitions et analyses pertinentes. Cet ouvrage permet de distinguer les caractéristiques du *realismo mágico* de celles du fantastique.

BARONIAN Jean-Baptiste, *Panorama de la littérature fantastique de langue française*, Paris, Stock, 1978. Approche historique et théorique sur les diverses manifestations du fantastique. Ouvrage intéressant pour des études comparées.

BARRENECHEA Ana María, « Ensayo de una tipología de la literatura fantástica », *Revista Iberoamericana*, vol. XXXVIII, n° 80 (jul.-sept., 1972), pp. 391-403. Article où l'auteur essaie de redéfinir le fantastique à partir des idées postulées par Tzvetan Todorov.

BARRENECHEA Ana María, SPERATTI PIÑERO Emma Susana, *La Literatura fantástica en Argentina*, México, Imprenta Universitaria, 1957. Étude approfondie sur des écrivains tels que Quiroga, Borges, Macedonio Fernández, etc.

BELLEMIN-NOËL Jean, « Des formes fantastiques aux thèmes fantasmatiques », *Littérature*, n° 2, mai 1971, pp. 103-118. Remise en question des théories de Todorov. Approche psychanalytique de l'écriture de l'imaginaire.

BERTHELOT Francis, *La Métamorphose généralisée. Du poème mythologique à la science-fiction*, Paris, Nathan, 1993. Analyse historique, théorique et thématique où l'auteur met constamment en rapport fantastique, merveilleux et science-fiction.

BESSIÈRE Irène, *Le Récit fantastique : Poétique de l'incertain*, Paris, Larousse, 1974. Ouvrage intéressant, à consulter.

BORGES Jorge Luis, « L'art narratif et la magie » (1932) in *Discussion*, Paris, Gallimard, 1966, pp. 66-80. Article qui permet de comprendre l'esthétique borgésienne ainsi que l'évolution ultérieure du fantastique en Argentine et en Amérique latine en général.

BOZZETO Roger, « Reflets de villes dans le désert : de Lovecraft à Borges » in *Otrante* (La ville fantastique), n° 3, juin, 1992, pp. 57-61.

CÓCARO Nicolás, Préface de *Cuentos fantásticos argentinos*, Buenos Aires, Emecé, 1960.

CORTÁZAR Julio, « Notes sur le Gothique vu du Rio de la Plata » in *Le Romantisme noir, Cahiers de L'Herne*, Paris, L'Herne, 1978, pp. 361-375. Bref article où l'écrivain manifeste son goût pour la littérature gothique anglaise et met en relief les différences de celle-ci avec le fantastique contemporain (néo-fantastique).

DEHENNIN Elsa, « Pour une systématique du nouveau roman hispano-américain », *Les Langues néo-latines*, n° 218, 3e trimestre, 1976, pp. 72-110. Étude intéressante par ses mises au point concernant les différents modes de représentation du fantastique chez les écrivains latino-américains.

FABRE Jean, *Le Miroir de sorcière. Essai sur la littérature fantastique*, Paris, José Corti, 1992. Cet ouvrage récent et très complet tente de redéfinir le genre fantastique. Les approches anthropologique, psychanalytique, historique, linguistique et esthétique s'avèrent des plus intéressantes.

LOVECRAFT Howard P., *Épouvante et Surnaturel en littérature*, Paris, Christian Bourgois (coll. 10/18), 1969. Ouvrage classique, à consulter.

MALRIEU Joël, *Le Fantastique*, Paris, Hachette, 1992. Approche théorique et historique du genre fantastique. Étude fondée essentiellement sur le rôle joué par les personnages face aux phénomènes insolites ou surnaturels.

MICHEL Marc, « À propos du conte fantastique », *N.R.F.*, fév. et mars 1962, pp. 299-305 et 497-502. Analyse intéressante sur l'espace et le temps fantastiques.

MIGNOLO Walter D., « El misterio de la ficción fantástica » in *Teoría del texto e interpretación de textos*, México, UNAM, 1984, pp. 101-147. Le fantastique vu par un spécialiste du genre.

RAMÍREZ MOLAS Pedro, *Tiempo y narración. Enfoques de la temporalidad en Borges, Carpentier, Cortázar y García Márquez*, Madrid, Gredos, 1978.

REBETEZ René, « Lo fantástico en la literatura mexicana contemporánea », México, *Espejo*, n° 2 (2e trimestre 1967), pp. 23-49.

RODRÍGUEZ MONEGAL Emir, « Borges : una teoría de la literatura fantástica », *Revista Iberoamericana*, n° 94, enero-marzo, 1976, pp. 176-189. Article bref mais essentiel.

SARTRE Jean-Paul, « *Aminadab* ou le fantastique considéré comme un langage » in *Critiques littéraires* (*Situations, I*), Paris, Gallimard, 1975 (1re éd. 1947). Étude fondamentale. Approche philosophique du fantastique contemporain. Analyse sur l'œuvre de Kafka.

STEINMETZ J.-L., *La Littérature fantastique*, Paris, PUF (coll. « Que sais-je ? »), 1990. Présentation claire des œuvres les plus représentatives du genre fantastique.

STEVENSON Robert Louis, *Essais sur l'art de la fiction*, Paris, La Table Ronde, 1988. Série d'articles où l'auteur met en question l'esthétique du réalisme et revendique une littérature fondée sur l'imaginaire.

TODOROV Tzvetan, *Introduction à la littérature fantastique*, Paris, Éd. du Seuil, 1970. Approche structuraliste, psychanalytique et linguistique du genre. Ouvrage souvent contesté mais incontournable.

VAX Louis, *La Séduction de l'étrange*, Paris, Quadrige/PUF, 1987 (1re éd. 1965). Le fantastique vu sous tous les angles. Ouvrage savant, à consulter.

VAX Louis, *L'Art et la Littérature fantastique*, Paris, PUF (coll. « Que sais-je ? »), 1974.

VAX Louis, « Les rôles du réalisme dans la littérature fantastique », *Cahiers roumains d'Études Littéraires*, 3/1976, pp. 83-99. Point de vue esthétique très intéressant.

VERDEVOYE Paul, « Le siècle des Lumières et la Réalité merveilleuse » in *Quinze études autour de* El siglo de las luces *de Alejo Carpentier*, Paris, L'Harmattan, pp. 149-163.

2. Autres sources

BORGES Jorge Luis, *Livre de préfaces*, suivi de *Essai d'autobiographie*, Paris, Gallimard, 1980.

CORTÁZAR Julio, *Entretiens avec Omar Prego*, Paris, Gallimard (Folio/Essais), 1986.

GARCÍA MÁRQUEZ Gabriel, *El Olor de la guayaba* (Conversaciones con Plinio Apuleyo Mendoza), Bogotá, La Oveja Negra, 1982.

HARSS Luis, *Portraits et propos*, Paris, Gallimard, 1970.

IRBY James E., « Entrevista con Borges » in *Revista de la Universidad de México* (vol. 16, n° 10), México, junio 1962, pp. 4-10.

PAZ Octavio, *El Laberinto de la soledad*, México, Fondo de Cultura Económica, 1980 (1re éd. 1950).

Anthologies

BIOY CASARES A., BORGES J.L., OCAMPO S., *Antología de la literatura fantástica*, Barcelona, Edhasa, 1983 (1re éd. 1940).

BORGES J.L., BIOY CASARES A., Préface de *Los Mejores Cuentos policiales*, Madrid/Buenos Aires, Alianza/Emecé, 1983 (1re éd. 1943).

CAILLOIS Roger, *Anthologie du fantastique*, Paris, Gallimard, 1966.

CÓCARO Nicolás, *Cuentos fantásticos argentinos*, Buenos Aires, Emecé, 1960.

3. Études sur les auteurs

• Jorge Luis BORGES

BARRENECHEA Ana María, *La Expresión de la irrealidad en la obra de J.L. Borges*, México, El Colegio de México, 1957.

MACHEREY Pierre, « Borges et le récit fictif », *Les Temps Modernes*, 21e année, janvier 1966, n° 236, pp. 1310-1316.

MOUREY Jean-Pierre, *Borges. Vérité et univers fictionnels*, Bruxelles, Pierre Mardaga Editeur, 1988.

RODRÍGUEZ Mario, « La postergación : un nuevo sentido en "El Sur" de Jorge Luis Borges », *Acta Literaria*, 5 (1980), pp. 17-24.

RODRÍGUEZ MONEGAL Emir, *Borges par lui-même*, Paris, Éd. du Seuil (coll. « Écrivains de toujours »), 1970.

VÁZQUEZ María Esther, *Borges, images, dialogues et souvenirs*, Éd. du Seuil, 1985.

YATES Donald A., « Borges y la literatura fantástica », *Kentucky Romance Quaterly*, 1967, pp. 34-40.

YURKIEVICH Saúl, « Borges/Cortázar : Mondes et modes de la fiction fantastique » in *Littérature latino-américaine : Traces et trajets*, Paris, Gallimard (Folio/Essais), 1988.

• Julio CORTÁZAR

ALAZRAKI Jaime, *En busca del unicornio : Los cuentos de J. Cortázar, Elementos para una poética de lo neofantástico*, Madrid, Gredos, 1983.

LAGMANOVICH David, *Estudios sobre los cuentos de Julio Cortázar*, Buenos Aires, Ed. Hispam, 1975.

MORA VALCÁRCEL Carmen de, *Teoría y práctica del cuento en los relatos de Cortázar*, Madrid, Estudios Hispanoamericanos, 1982.

MORELLO-FROSCH Marta, « La tiranía del orden en los cuentos de Cortázar » in *El Cuento hispanoamericano ante la crítica*, Madrid, Castalia, 1981, pp. 165-178.

TERRAMORSI Bernard, *Le Fantastique dans les nouvelles de Julio Cortázar*, Paris, L'Harmattan, 1994.

YURKIEVICH Saúl, « Borges/Cortázar : Mondes et modes de la fiction fantastique » (voir BORGES).

• Rubén DARÍO

ANDERSON IMBERT Enrique, « Los cuentos fantásticos de Rubén Darío », *Mundo Nuevo*, n° 54, diciembre 1970, pp. 30-42.

GHIANO Juan Carlos, *Rubén Darío*, Buenos Aires, Centro Editor de América Latina, 1967.

LEDESMA Roberto, *Genio y Figura de Rubén Darío*, Buenos Aires, Eudeba, 1965.

MEJÍA SÁNCHEZ Ernesto, *Los Primeros Cuentos de Rubén Darío*, México, Univ. Nacional Autónoma de México. Dir. General de Publicaciones, 1961.

OLIVIO JIMÉNEZ José, Prólogo de *Cuentos fantásticos* de Rubén Darío, Madrid, Alianza Editorial, 1979.

• Felisberto HERNÁNDEZ

ANTÚNEZ Rocío, *Felisberto Hernández : el discurso humano*, México, Katún, 1985.

BENEDETTI Mario, « Felisberto Hernández o la credibilidad de lo fantástico » in *Literatura uruguaya, Siglo XX*, Montevideo, Alfa, 1969.

CASTILLO Álvaro, « Felisberto Hernández : La magia recuperada », *Cuadernos Hispanoamericanos*, n° 289-290, pp. 358-364.

GÓMEZ MANGO Lídice, *Felisberto Hernández : notas críticas*, Montevideo, Fundación de Cultura Universitaria, 1970.

GUILLE-BATAILLON Laure, « Felisberto Hernández, somnambule de confiance », *Critique*, n° 363-364, août-sept. 1977, pp. 831-840.

LASARTE Francisco, *Felisberto Hernández y la escritura de « lo otro »*, Madrid, Ínsula, 1981.

PERERA SAN MARTÍN Nicasio, « D'un regard l'autre » sur « El acomodador », *Langages V*, 1982, pp. 19-42.

VARIOS, *Felisberto Hernández ante la crítica actual* (Édition d'Alain Sicard), Caracas, Monte Ávila, 1977.

• Leopoldo LUGONES

BARCIA Pedro, Préface de *Cuentos fantásticos*, Madrid, Clásicos Castalia, 1988.

BORGES Jorge Luis et EDELBERG Betina, « Leopoldo Lugones » in Borges J. L., *Obras Completas en Colaboración*, Buenos Aires, Emecé, 1979, pp. 457-505.

IRAZUSTA Julio, *Genio y Figura de Leopoldo Lugones*, Buenos Aires, Eudeba, 1969.

PÍO DEL CORRO Gaspar, *El Mundo fantástico de Leopoldo Lugones*, Córdoba, Universidad Nacional de Córdoba (Argentina), 1971.

SCARI Robert M., « Ciencia y ficción en los cuentos de Leopoldo Lugones », *Revista Iberoamericana*, n° 30, 1964, pp. 163-168.

SPECK Paula, « Las fuerzas extrañas : Leopoldo Lugones y las raíces de la literatura fantástica en el Río de la Plata », *Revista Iberoamericana*, n° 96-97 (jul-dic), 1976, pp. 411-426.

• Virgilio PIÑERA

LLOPIS Rogelio, « Recuento fantástico », *Casa de las Américas*, n° 42 (abril-junio), 1967, pp. 148-155.

MORELLO-FROSCH Marta, « La anatomía : mundo fantástico de Virgilio Piñera », *Hispamérica*, 7, n° 23-24, 1979, pp. 19-34.

NARVÁEZ Carlos, « Lo fantástico en cuatro relatos de Virgilio Piñera », *Románica*, 13, 1976, pp. 77-86.

TORRES Carmen L., *La Cuentística de Virgilio Piñera. Estrategias humorísticas*, Madrid, Pliegos, 1989.

• Horacio QUIROGA

ALAZRAKI Jaime, « Relectura de Horacio Quiroga » in *El Cuento hispanoamericano ante la crítica*, Madrid, Castalia, 1981, pp. 64-80.

BRATOSEVITCH Nicolás, *El Estilo de Horacio Quiroga en sus cuentos*, Biblioteca Románica Hispánica, Madrid, Gredos, 1973.

EZQUERRO Milagros, « Los temas y la escritura quiroguianos » in Horacio Quiroga, *Todos los cuentos*, Madrid/Nanterre, Colección Archivos, 1993, pp. 1379-1414.

FLORES A., *Aproximaciones a Horacio Quiroga*, Caracas, Monte Ávila, 1976.

JITRIK Noé, *Horacio Quiroga, una obra de experiencia y riesgo*, Buenos Aires, Ediciones Culturales Argentinas, 1959.

RODRÍGUEZ MONEGAL Emir, *Genio y Figura de H. Quiroga*, Buenos Aires, Eudeba, 1967.

SPERATI PIÑERO Emma, « Realidad o imaginación en la obra de Horacio Quiroga », in *La Literatura fantástica en la Argentina*, México, Imprenta Universitaria, 1957.

• Juan RULFO

FRANCO Jean, « El viaje al país de los muertos » in Juan Rulfo, *Toda la obra*, Madrid/Nanterre, Colección Archivos, 1992, pp. 763-774.

FUENTES Carlos, « Rulfo, el tiempo del mito » in *Valiente mundo nuevo*, México, Fondo de Cultura Económica, 1990, pp. 149-173.

OLIVIER Florence, « La seducción de los fantasmas en la obra de Juan Rulfo » (voir FRANCO Jean), pp. 617-650.

4. Œuvres hispano-américaines

ARENAS Reinaldo, *Termina el desfile*, Barcelona, Seix Barral, 1981.

ARGUEDAS José María, *Relatos completos*, Madrid, Alianza Editorial, 1983.

ARIDJIS Homero, *La Leyenda de los soles*, México, Fondo de Cultura Económica, 1993.

ARREOLA Juan José, *Confabulario definitivo*, Madrid, Cátedra, 1986.

ASTURIAS Miguel Ángel, *Leyendas de Guatemala*, Madrid, Alianza/Losada, 1981 (1re éd. 1930).

BIOY CASARES Adolfo, *La Invención de Morel*, Madrid, Cátedra, 1984 (1re éd. 1940).

BIOY CASARES Adolfo, *La Trama celeste*, Madrid, Castalia, 1990.

BOMBAL María Luisa, *La Última niebla. La amortajada*, Barcelona, Seix Barral, 1988 (1re éd. 1948).

BORGES Jorge Luis, *Ficciones*, Madrid, Alianza Editorial, 1994 (1re éd. 1944).

BORGES Jorge Luis, *El Aleph*, Madrid, Alianza/Emecé, 1992 (1re éd. 1949).

BORGES Jorge Luis, *Le Rapport de Brodie*, Paris, Gallimard, 1972. *El informe de Brodie*, Madrid, Alianza Editorial, 1990 (1re éd. 1970).

BORGES Jorge Luis, *El Libro de arena*, Madrid/Buenos Aires, Alianza/Emecé, 1994 (1re éd. 1975).

CARPENTIER Alejo, *El Reino de este mundo*, Barcelona, Seix Barral, 1994 (1re éd. 1949).

CARPENTIER Alejo, *Cuentos completos*, Barcelona, Bruguera, 1979.

CORTÁZAR Julio, *Final de juego*, Barcelona, Ediciones B., 1987 (1re éd. 1956).

CORTÁZAR Julio, *Los Relatos* (4 tomes), Madrid, Alianza Editorial, 1976.

DARÍO Rubén, *Cuentos fantásticos*, Madrid, Alianza Editorial, 1979.

DÁVILA ANDRADE César, « El cóndor ciego » in *Prosa escogida*, Casa de la Cultura Ecuatoriana, 1978.

DONOSO José, *Veraneo y otros cuentos* in *Cuentos*, Barcelona, Seix Barral, 1971.

FUENTES Carlos, *Cuerpos y Ofrendas*, Madrid, Alianza Editorial, 1990.

GARCÍA MÁRQUEZ Gabriel, *Cien años de soledad*, Madrid, Cátedra, 1991 (1re éd. 1967).

GARCÍA MÁRQUEZ Gabriel, *Todos los cuentos*, Barcelona, Plaza y Janes, 1981.

GUTIÉRREZ NÁJERA Manuel, *Cuentos completos*, México, Fondo de Cultura Económica, 1987.

HERNÁNDEZ Felisberto, *Nadie encendía las lámparas y otros cuentos*, Barcelona, Lumen, 1982.

LUGONES Leopoldo, *Las Fuerzas extrañas*, Buenos Aires, Huemul, 1966 (1re éd. 1906).

LUGONES Leopoldo, *Cuentos fatales*, Buenos Aires, Huemul, 1967 (1re éd. 1924).

LUGONES Leopoldo, *Cuentos fantásticos* (Edition de Pedro Barcia), Madrid, Castalia, 1988.

MENÉNDEZ LEAL Álvaro, *Cuentos breves y maravillosos*, México, Fondo de Cultura Económica, 1962.

PIÑERA Virgilio, *Cuentos fríos*, Buenos Aires, Losada, 1956.

PIÑERA Virgilio, *Cuentos*, Madrid, Alfaguara, 1990.

QUIROGA Horacio, *Todos los cuentos*, Madrid/Nanterre, Colección Archivos, 1993.

REY ROSA Rodrigo, *El Cuchillo del mendigo. El agua quieta*, Barcelona, Seix Barral, 1992.

ROA BASTOS Augusto, *El Trueno entre las hojas*, Buenos Aires, Losada, 1976 (1re éd. 1953).

ROMERO DE NOHRA Flor, *La Ruta de Eldorado*, Bogotá, Círculo de lectores, 1976.

RULFO Juan, *El Llano en llamas*, Madrid, Cátedra, 1993 (1re éd. 1953).

RULFO Juan, *Pedro Páramo*, México, Fondo de Cultura Económica, 1971 (1re éd. 1955).

USLAR-PIETRI Arturo, *Treinta hombres y su sombra*, Buenos Aires, Losada, 1943.

INDEX DES NOMS

Dans la même collection

11. Anne Dulphy, *Histoire de l'Espagne de 1814 à nos jours*
16. Madeleine et Arcadio Pardo, *Précis de métrique espagnole*
32. Annie Molinié-Bertrand, *Vocabulaire historique de l'Espagne classique*
39. Jacqueline Covo, *Introduction aux civilisations latino-américaines*
48. Marc Zuili, *Introduction à l'analyse des textes espagnols et hispano-américains*
67. Jean-Claude Seguin, *Histoire du cinéma espagnol*
86. Robert Omnès, *Phonétique, phonologie, orthographe et prononciation de l'espagnol*
106. Bernard Bessière, *Vingt ans de création espagnole (1975-1995)*

Édition : Claire Hennaut

N° de projet : 10030676 - (I) - 3 - (OSBV - 80) — D.B - octobre 1995
Imprimé en France par Pollina, 85400 Luçon - n° 68600